Alfred the Great
Jacob Abbott

阿尔弗雷德大帝

北欧海盗与英格兰开国

全景插图版

[美]雅各布·阿伯特 著

陈霞 译

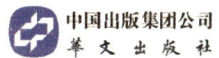

图书在版编目（CIP）数据

阿尔弗雷德大帝/（美）雅各布·阿伯特（Jacob Abbott）著；陈霞译.—北京：华文出版社，2017.9

（美国国家图书馆珍藏名传）

ISBN 978-7-5075-4751-1

Ⅰ.①阿… Ⅱ.①雅…②陈… Ⅲ.①阿尔弗雷德（848—899）—传记 Ⅳ.①K835.617=341

中国版本图书馆CIP数据核字(2017)第218588号

阿尔弗雷德大帝

作　　者：	[美] 雅各布·阿伯特
译　　者：	陈霞
选题策划：	華盛章世
插图供应：	029—89257605
责任编辑：	王思惠
出版发行：	华文出版社
社　　址：	北京市西城区广外大街305号8区2号楼
邮政编码：	100055
网　　址：	http://www.hwcbs.com.cn
电　　话：	总编室010—58336239　发行部010—58336267 责任编辑010—58336209
经　　销：	新华书店
印　　刷：	北京画中画印刷有限公司
开　　本：	880×1230　1/32
印　　张：	7
字　　数：	129千字
版　　次：	2018年1月第1版
印　　次：	2018年1月第1次印刷
标准书号：	ISBN 978-7-5075-4751-1
定　　价：	38.00元

版权所有　侵权必究

出版说明

《美国国家图书馆珍藏名传》共22册，作者是美国著名历史学家、教育家雅各布·阿伯特。他以独特的视角研究公元前7世纪到公元18世纪2500年的世界史，最后写出了这套影响深远的人物传记。读者能通过阅读这些风云人物，更好地理解那段历史、那段时光，这是我们出版这套书的最大良善。为更好地使读者全面了解该丛书，现作如下说明：

一、关于版本。据不完全统计，这套丛书的英文版多达上百个。其中，以哈伯兄弟出版公司于1904年出版的版本最具代表性和权威性。本丛书正是根据该版翻译而成，以保证版本的质量。

二、关于插图。这些人物距现代已经很久远了。读者可能会问：他们长什么样子？穿什么衣服？仗是如何打的？外交是如何谈的……为了让读者更形象地了解当时的历史，我们精心为各书选配了约百幅插图。这些插图包括但不限于油画和版画。我们希望，通过品味插图的艺术之美，读者获得一种不是穿越胜似穿越的强烈体验，从而更好地对当时的风土人情有更直观的体察。

三、关于注释。为了确保内容的正确性、权威性，版权方进行了大量的考证工作。考证的结果以注释的形式体现。另外，内文中很多涉及地图的地方，我们尽量尊重作者尊重历史保存原貌，如有出入，请读者认真分辨。

四、关于译者。本丛书由多所大学的一线英语老师及教授翻译而成。各位老师治学严谨，文笔优美，为确保丛书的质量奉献良多。在此，深表敬意。

尽管出版前我们做了许多工作，但不足之处实难避免，欢迎读者朋友多提宝贵意见。

译者序

本书作者是雅各布·阿伯特（1803—1879），他出生于美国缅因州哈罗威尔，19世纪美国著名的传记作家。他一生独著过一百八十多部作品，与他人合著过三十一部作品，可谓多产。在这些作品中，最为著名的，非这套22册的美国国家图书馆珍藏名传丛书莫属，丛书脍炙人口，流传至今。《阿尔弗雷德大帝》是丛书中的一册，始版于1849年。

《阿尔弗雷德大帝》全面展现了英格兰的缔造者——阿尔弗雷德大帝的生平事迹。阿尔弗雷德是英国历史上唯一一位被冠以"大帝"（the Great）尊号的君主，被后人尊称为"英国国父"。

为了让读者了解这位伟大的君主，作者从大不列颠岛的最初发现与定居开始，追根溯源，生动地讲述了与英格兰历史有关的神奇传说：有布鲁斯特的奇幻海上之旅，有李尔王女儿们的争权夺利，有女英雄博阿迪西亚反抗暴政的起义，有盎格鲁-撒克逊人的攻城略地，有亚瑟王与圆桌骑士的恩怨纠葛，有撒克逊公主的英勇夺婚，有丹麦海盗对英格兰的屡屡侵扰……

毋容置疑，阿尔弗雷德大帝最伟大的功绩之一就是战胜了丹麦人，结束了英格兰历史上群雄争霸的"七国时代"，推动了英格兰民族意识的形成，为英国后来的发展和繁荣奠定了基础。

除了阿尔弗雷德大帝的这些丰功伟绩，你是否知道他声势浩大的幼年罗马之行？是否知道他爱书如命、求知若渴？是否知道他烤焦饼子后受到牧人妻子责骂？是否知道他乔装打扮为吟游诗人深入敌营？是否知道他谦虚求教、刻苦学习拉丁语？是否知道他发明了蜡烛、计时器和灯笼？是否知道他创立了世界名校牛津大学？……

通读全书，一位励精图治、谦逊贤良的君主就栩栩如生地呈现在读者目前。让我们穿越历史的长河，用心去聆听大西洋彼岸英格兰早期的传奇故事，去见证阿尔弗雷德大帝建功立业、保家卫国的伟大人生。

陈霞
于西北师范大学

原序

本系列历史人物传记叙述清晰、相互关联,旨在展现人类历史不同时期杰出领袖的生平事迹,这些伟人投身于民族的公共事业,对人类历史产生了深远影响。作者有两个目的:第一,让读者了解所讲故事中这些人物的重要信息;第二,让读者从所述历史事件及人物经历中汲取教训,借鉴经验。

该丛书语言虽简单明了,但所面向的读者需具有相当成熟的思想,只有这样的读者才能完全理解书中的人物与事件,因为书中所描述的所有人物与事件几乎都与政府行为和政策紧密关联,也与世界历史上的重大事件息息相关。

目 录

第一章 　不列颠人 　　　　　　　　　　　　　　　　　001

英格兰君主制的创立者——部落酋长——凯撒大帝时期——所罗门王时期——模糊的传奇与传说——口口相传——大不列颠岛的最初发现与定居者——特洛伊战争——埃涅阿斯逃出特洛伊城——到意大利定居——布鲁特斯射死父亲——来到希腊——进攻潘德拉瑟斯国王——娶伊莫金娜为妻——离开希腊——到达荒岛——祈求戴安娜神像——神像答复——驶向不列颠岛——穿越直布罗陀海峡——进入比斯开湾——抵达不列颠岛——岛内勘察——赶走野兽，消灭巨人——在岛上定居——建立王国——争权夺位——李尔王的故事——询问三个女儿——冷漠科迪莉亚——投奔科迪莉亚——重获王位——罗马人统治大不列颠岛——不列颠人奋起反抗——女英雄博阿迪西亚其貌不扬——服毒自尽——不列颠人顺服于罗马人的统治——皮克特人——罗马人建立防御线——西弗勒斯前往大不列颠岛——向苏格兰腹地进发——巴西阿努斯叛变——同北方敌人达成和平协议——建立西弗勒斯长城——罗马帝国召回军队——皮克特人发起进攻——不列颠人求援

第二章 │ 盎格鲁-撒克逊人 ·················· 021

亲属特征代代相传——人类的不同种族——高加索人出类拔萃——埃及人——腓尼基人——希腊人——罗马人——体质优势——盎格鲁-撒克逊人——海盗和强盗——狂热大胆的远征——所向披靡——两个明显的相似之处——婚姻忠诚——不屈不挠——盎格鲁-撒克逊人到达英格兰——君主制的开端——登上萨尼特岛——三艘船——船的名字——亨吉斯特和霍萨——萨尼特岛——埃布斯舰队——登陆英格兰海岸的动机——延长停留时间——不列颠国王沃尔蒂格恩——求援——抗击皮克特人——沃尔蒂格恩割让土地——联姻结盟——盎格鲁-撒克逊人攻城略地——沃尔蒂格恩沦为阶下囚——亚瑟王——圆桌骑士——发现奸情——决斗——亚瑟王离开人世——亨利二世——格拉斯顿伯里修道院——搜寻尸体——亚瑟王与妻子的尸骨——对亚瑟王的记载

第三章 │ 丹麦人 ························ 039

建立撒克逊政权——遭外敌入侵——世袭制国王——"七国联盟"——撒克逊民族固有的特点——撒克逊公主的传奇——与王子拉迪格达成婚约——拉迪格悔婚——讨伐拉迪格——抓获拉迪格——迎娶公主——丹麦人——海贼王——以加入海盗为荣——幼子出海远征——夏季烧杀劫掠——西欧海域海盗横行——罗格纳·洛德布罗克离开丹麦——建立海上帝国——法兰克陷入恐慌——驶离法兰克——挑战盎格鲁-撒克逊人——整编队伍进发内陆——进入诺森布里亚——国王艾拉的军队阻击——罗格纳战败——被蛇咬死——丹麦人威胁——海贼王们袭扰英格兰——北欧海盗登上萨尼特岛——打入麦西亚——丹麦人战败——新的入侵者到来——罗格纳的儿子和亲属们复仇——国王艾拉惨败遭残杀——丹麦人继续侵略——韦塞克斯王国——国王埃塞尔雷德被杀——阿尔弗雷德临危受命

| 第四章 | 小时候的阿尔弗雷德 ·· 053

　　幼年秘事——阿尔弗雷德的优秀品格——早年特殊经历——父亲埃塞尔沃夫——温彻斯特修道院——宗教与知识的中心——立誓修行——特许获准——埃塞尔沃夫继位——继续经营个人兴趣爱好——丹麦人入侵——阿尔弗雷德受父母熏陶——阿尔弗雷德被送往罗马——罗马之行盛况空前——埃塞尔沃夫亲自前往罗马——厌恶政务——出行规模壮观——途经法兰克王国——坠入爱河——到达罗马——向罗马教皇献礼——小阿尔弗雷德备受瞩目——英格兰国力强盛——在罗马生活一年——宗教与教育的影响——重建神学院——使人民受益——埃塞尔沃夫向茱蒂丝求婚——返回英格兰——埃塞尔巴德叛乱——埃塞尔沃夫去世——茱蒂丝与埃塞尔巴德结婚——阿尔弗雷德品学兼优——学习盎格鲁-撒克逊诗歌——阿尔弗雷德不识字——羊皮卷手抄本——阿尔弗雷德喜获爱书——喜爱读书——体格健壮——埃塞尔巴德与茱蒂丝的婚姻受到谴责——抛弃茱蒂丝——茱蒂丝与阿尔弗雷德永别

| 第五章 | 英格兰 ·· 067

　　古代历史学家的记录——丹麦人仇恨修道院——异教徒——洗劫教堂或修道院——修女毁容——克洛兰修道院——沃什湾——弗里尔·乔利修士——抵抗丹麦人——撒克逊军队全军覆没——信使报信——送走弗里尔·乔利等人——不抵抗策略——运走金银财宝——隐藏——藏匿其他财宝——丹麦人洗劫修道院——一人幸存——丹麦人马车陷入泥潭——塔克尔溜走——返回修道院的废墟——重建修道院——埃德蒙国王殉难——丹麦人洛斯布罗克到达英格兰海岸——受到埃德蒙国王赏识——洛斯布罗克的猎鹰和猎犬——贝奥恩杀害洛斯布罗克——猎犬守尸体——洛斯布罗克的尸体被发现——贝奥恩认罪——贝奥恩被罚出海冒险——贝奥恩到达洛斯布罗克家族的领地——贝恩奥隐瞒自己的罪行——洛斯布罗克的儿子们报仇——埃德蒙被俘——辛卡尔砍掉埃德蒙的头颅——手下找到头颅——罗马教廷——凯奈姆姐姐摄政——凯奈姆被杀——白鸽传书——真相大白

| 第六章 | 阿尔弗雷德继位 · 083 |

丹麦人西行——雷丁要塞——护城河——避难所——撒克逊人进攻雷丁——丹麦人加强雷丁防御工事——丹麦人遭到突袭——丹麦人落败——丹麦人突围——撒克逊人战败——两军再次开战——阿斯顿战役——两军渴望开战——战前的夜晚——阿尔弗雷德备战——埃塞尔雷德举行礼拜仪式——为保护上帝的国度而战——帐篷宗教集会——阿尔弗雷德身先士卒——阿尔弗雷德的智慧和勇气——阿尔弗雷德询问拖延原因——阿尔弗雷德占据一方高地——丹麦人发起进攻——埃塞尔雷德前去支援——丹麦人四散逃跑——撤回雷丁堡垒——撒克逊人获胜——胜仗扭转局势——取胜的不同原因——关于古战场的争议——白马纪念碑——埃塞尔雷德驾崩——阿尔弗雷德继位——丹麦人反击——再次赢得胜利——撒克逊人战败灰心——雷丁的丹麦人得到增援——两军力量悬殊——埃塞尔雷德的遗体安放——温伯恩修道院——对埃塞尔雷德死因的争议

| 第七章 | 屡战屡败 · 097 |

继承权——竞争对手——在温彻斯特加冕为王——基督教中心——国家满目疮痍——撒克逊军队战败——威尔顿战役——与胡巴达成协议——不干预政策——丹麦人撤离韦塞克斯——麦西亚遭到进攻——布斯瑞德收买丹麦人——布斯瑞德逃往罗马——摧毁墓地——丹麦人的傀儡国王——另一群丹麦人到来——韦勒姆城堡失守——丹麦人突袭骑兵——埃克塞特失守——阿尔弗雷德寻欢作乐——备受指责——不幸和灾难——夸大过错——圣尼奥特训斥阿尔弗雷德——赎罪——犯错是人生常态——阿尔弗雷德幡然醒悟——阿尔弗雷德演讲——采取应急措施——组建舰队——造船——招募船员——英国海军起源——首次出海成功——俘获敌方战舰——新的战争——报复——临时协议——向臂镯发誓——基督教宣誓——与丹麦首领交锋——首领罗洛前往法兰克王国——梦见蜜蜂——在诺曼底地区建立王国——阿尔弗雷德的国力衰弱——陷入贫困与危难

第八章 | 逃亡 ·············· 113

新情况——希望破灭——另一批丹麦人到来——阿尔弗雷德失去威望——纷纷出逃——阿尔弗雷德孤身一人——自保——到达阿塞尔内——牧牛人——沼泽地——牧牛人收留阿尔弗雷德——询问身份——保守身份的秘密——阿尔弗雷德烤焦饼——牧牛人的妻子——阿尔弗雷德对农活儿没兴趣——策划宏伟蓝图——妇人的责备——扩大阿尔弗雷德的名声——磨难考验——性格大变——与朋友重逢——消息传播开——迁移——与家人团聚——牧牛人筹集物资——物资匮乏——打渔期间的故事——乞丐讨食——仅剩的一条面包——五饼二鱼——半条面包——做梦——上帝的启示——重返王位——满载而归——信心倍增——制订计划——另外一件事

第九章 | 重组军队 ·············· 125

阿塞尔内——索默塞特郡——金饰出土——古文物研究者的发现——藏身之地的确切位置——防御工事——准备迎击敌军——形势变化——胡巴在威尔士——德文郡——肯威斯城堡——欧顿公爵——胡巴率军南下——烧杀抢掠——乌鸦旗——预见战役的胜负——半野蛮时期——以逸待劳——胡巴稳坐中军帐——欧顿公爵进行突围——拂晓时行动——突围获胜——杀死胡巴——缴获乌鸦旗——丹麦人惊慌逃窜——尸横遍野——撒克逊人欢欣鼓舞——阿尔弗雷的计划成熟——爱丁顿——阿尔弗雷德潜入敌营——流浪琴师——观察敌军情况——天生的琴师——接近国王大帐——丹麦人军纪散漫——受古瑟罗姆赏识——奠定友谊基础——侍从——间谍——形成计划——从容离开——派出信使——埃格伯特巨岩会合的计划——奔赴埃格伯特巨岩——庆祝大联合——爱丁顿营地——丹麦人准备反击——古瑟罗姆听到谣言——阿尔弗雷德率军开拔——在埃格力安营——在帐篷做梦——圣尼奥特传上帝旨意——奔赴战场

第十章 | 大胜丹麦人 ·················· 139

梦境的激励——偷袭敌营——爱丁顿高地——发布动员令——爱丁顿战役——丹麦人遭重创——大溃逃——有序退兵——涌入城堡——渴望救援——古瑟罗姆被包围——饥肠辘辘——古瑟罗姆投降——阿尔弗雷德复国——思考对付战败敌人的策略——丹麦人定居不列颠多年——撒克逊人立场——摒弃前嫌——面向未来——和古瑟罗姆谈条件——英格兰东南部地区——古瑟罗姆皈依基督教——古瑟罗姆的教父——投降的原因——古瑟罗姆接受条件——筹备洗礼——皈依基督教的影响——奥尔若——举行洗礼——基督教教名——伊瑟尔斯坦——洗礼告终——签订和平条约——古瑟罗姆被称为王——北欧人的主要定居点——共同抵抗新掠夺者——古瑟罗姆恪守承诺——阿尔弗雷德制定相同法律——古瑟罗姆驱逐丹麦侵略者——阿尔弗雷德组建政府——阿尔弗雷德的高尚品德——从鹰巢中救出小孩

第十一章 | 阿尔弗雷德治国理政的特点 ·················· 155

宅心仁厚，博爱仁慈——发展和平教育事业——智慧、秩序、正义、体制——具备条件——盎格鲁－撒克逊民族——阿尔弗雷德做决定前的考量——缺少有利机会——一生与丹麦人交战——遭受神秘疾病折磨——坚强的意志——重视国民教育——以身作则，勤奋学习——学习拉丁语——好友阿瑟尔——邀请阿瑟尔来宫廷任职——阿瑟尔病倒——阿瑟尔接受邀请——宫廷聊天——小羊皮册子——阿尔弗雷德的著作——手抄本——创立牛津大学——英格兰一大奇迹——社会井然有序——阿尔弗雷德的性格——顺利进行改革——治理国家的巨大动机——为民谋利——处理琐碎的工作——发明计时方法——燃烧蜡烛——灯笼发明者——遇到困难——风吹蜡烛——窗户——羊角薄板——阿尔弗雷德的时间分配——阿尔弗雷德治国有方——黑斯廷斯惹麻烦

第十二章　生命终结 …………………………………… 169

黑斯廷斯入侵英格兰——海盗首领——撤退到教堂——古瑟罗姆赶走黑斯廷斯——阿尔弗雷德孤军奋战——黑斯廷斯沿英格兰南岸前行——黑斯廷斯登陆——舰队规模庞大——到达罗姆尼沼泽——向农户发起进攻——扎营驻军——第二处要塞——入侵阿尔弗雷德的国家——起兵攻打黑斯廷斯——拖延敌人——切断粮草——黑斯廷斯背信弃义——阿尔弗雷德停止谈判——黑斯廷斯的妻儿——黑斯廷斯无动于衷——形势急转直下——阿尔弗雷德迎来灾难——双方恶战——丹麦舰队——史书的荒谬记载——丹麦人船上避难——阿尔弗雷德筹建舰队——测试舰队性能——进攻怀特岛——战船陷入危险——丹麦人趁机而逃——赶走丹麦战船——黑斯廷斯赴法兰克王国——阿尔弗雷德再次迎来和平——风烛残年——不辞辛劳——女儿艾塞尔芙蕾达——长子爱德华——临终遗言——阿尔弗雷德驾崩——国家的建立者——被世人铭记

第十三章　戈德温 …………………………………… 181

戈德温的传奇故事——征服者威廉时代——阿尔弗雷德王国的中断——本世纪重大事件——撒克逊王国和丹麦王国之间的战争——戈德温的故事——撒克逊农民家庭——埃塞尔雷德的恶政——被迫离开英格兰——丹麦人克努特——埃塞尔雷德战死沙场——埃德蒙再战——丹麦人战败——乌尔夫将军寻求帮助——戈德温帮忙——父亲嘱托——抵达丹麦人营地——戈德温被封为王——女儿伊迪丝——爱德华和阿尔弗雷德——迎娶艾玛——哈迪克努特——克努特罗马朝圣——内战再次爆发——居民忧虑恐惧——默许哈罗德的统治——艾玛局促不安——写信给法兰克的两个儿子——阿尔弗雷德远征——戈德温号召撒克逊首领们开会——阿尔弗雷德被俘——受挖掉双眼的刑罚——艾玛被驱逐出境——哈迪克努特继承王位——对哈罗德的尸体进

行侮辱——戈德温的礼物——撒克逊人反抗——丹麦人永远离开英格兰——爱德华登上王位——感激戈德温——向伊迪丝求婚——戈德温咳嗽窒息——戈德温离世——爱德华安邦治国

附 录 | 专有名词英汉对照 ………………………… 201

第一章

不列颠人

精彩看点

英格兰君主制的创立者——部落酋长——凯撒大帝时期——所罗门王时期——模糊的传奇与传说——口口相传——大不列颠岛的最初发现与定居者——特洛伊战争——埃涅阿斯逃出特洛伊城——到意大利定居——布鲁特斯射死父亲——来到希腊——进攻潘德拉瑟斯国王——娶伊莫金娜为妻——离开希腊——到达荒岛——祈求戴安娜神像——神像答复——驶向不列颠岛——穿越直布罗陀海峡——进入比斯开湾——抵达不列颠岛——岛内勘察——赶走野兽，消灭巨人——在岛上定居——建立王国——争权夺位——李尔王的故事——询问三个女儿——冷漠科迪莉亚——投奔科迪莉亚——重获王位——罗马人统治大不列颠岛——不列颠人奋起反抗——女英雄博阿迪西亚其貌不扬——服毒自尽——不列颠人顺服于罗马人的统治——皮克特人——罗马人建立防御线——西弗勒斯前往大不列颠岛——向苏格兰腹地进发——巴西阿努斯叛变——同北方敌人达成和平协议——建立西弗勒斯长城——罗马帝国召回军队——皮克特人发起进攻——不列颠人求援

第一章 不列颠人

从某种程度上讲,阿尔弗雷德大帝在历史上可谓英格兰君主制的创立者。执掌英格兰政权的历代君主,其政府对人类的发展产生了重大影响。但阿尔弗雷德大帝并不是第一位英格兰大地上的国王,因为在他之前,还有几位无足轻重的君主,分别统治着各自那部分领土,与其说他们是英格兰大地上的国王,倒不如说是未开化的部落酋长。阿尔弗雷德在世袭制度下继承了王位,他的一生颇有建树,为后来大英帝国发展壮大所需的巨大上层建筑打下了深厚的基础。如果世间流传的关于阿尔弗雷德大帝品行的故事都可信的话,那么他就是一位诚实守信、认真尽责、公正无私、具有远见的政治家。如果在世袭君主制的条件下,人类社会总能涌现出像阿尔弗雷德大帝这样的君主,那么君主制就会持续更长时间,而那些伟大的国家,比如现在的共和制国家,也会省去选举政府首脑时的很多麻烦。

回首历史,阿尔弗雷德的统治时期距今已经很遥远了,但他是在九世纪时登上王位的。从公元九世纪向前追溯到公元前凯撒大帝时期,在这八百多年间,有许许多多人们都能接受的真实的英格兰历史故事。此外,这片土地上还涌现了很多脍炙人口的历史传奇故事。这些故事可从凯撒大帝开始再向前追溯八百年,甚至追溯到所罗门王时期。

所罗门王是犹太民族历史上最伟大的君王,也是世界上最传奇的君王之一。图为油画《所罗门王的审判》,彼得·保罗·鲁宾斯绘

因此,这个非凡岛国的历史源远流长,在阿尔弗雷德大帝之前还有更长的历史。然而,就本书所讲述故事的重点而言,阿尔弗雷德大帝的丰功伟绩和生平事迹才是本书的开端。

事实上,任何国家的历史,不管是古代国家还是现代

第一章 不列颠人

国家，总能追溯到模糊的传说时代。在历史发展还没有进入有文字记载的状态之前，口口相传曾是传承人类记忆的唯一手段，而半野蛮时代的口口相传传述了许多富有传奇色彩的故事。其中有个故事与大不列颠岛的最初发现密切相关。

特洛伊战争结束时，一群特洛伊人随埃涅阿斯逃出特洛伊城。据维吉尔所述，埃涅阿斯一行历经千难万险，最终在意大利定居下来。随着时间的推移，埃涅阿斯在意大

图为埃涅阿斯逃出特洛伊，费德里科·巴洛奇绘于1598年

利有了孙子，他叫塞尔维乌斯，塞尔维乌斯的儿子叫布鲁特斯，因此，布鲁特斯是埃涅阿斯的曾孙。

一天，布鲁特斯在森林打猎，他不小心用箭射死了自己的父亲，他的父亲当时是阿尔巴国王。阿尔巴位于意大利，随后罗马便在阿尔巴附近建立。这次意外让布鲁特斯备受怀疑，他面临生命危险，只得逃出了意大利。辗转了很多地方后，他最终来到了希腊，他召集了一些在希腊游荡的特洛伊随从，并将他们训练成一支军队。布鲁特斯率领着这支凶残的军队，进攻了希腊的潘德拉瑟斯国王。布鲁特斯大获全胜，潘德拉瑟斯国王沦为战俘。潘德拉瑟斯国王被迫求和，并基于以下条款与布鲁特斯签订了和平协议：

> 潘德拉瑟斯须将女儿伊莫金娜许配给布鲁特斯为妻，并陪嫁一支船队；而布鲁特斯须带着妻子和随从登上船队，远走他乡落户。

潘德拉瑟斯把自己的女儿许配给一群无家可归的强盗的头目从而为国家换取和平的做法，对现代人来说很奇怪，但在当时那个时代非常普遍。

布鲁特斯率领船队，带着新娘，驶向大海。不久，他们到达一个荒岛，他们在那里发现了一座城的废墟。城里有一座古庙，庙里供奉着月亮与狩猎女神戴安娜的塑像。据说，只要虔诚地献祭，这个塑像就会有求必应，传递神谕。布鲁特斯献祭后，便问塑像，他的安身之地到底在哪里？布鲁特斯发问的话可见于古诗，已经被一些编年史学家翻

译成了如下韵文:

> 月亮与狩猎女神啊,您畅行在天界冥间,
> 在您所统治的第三世界——人间,请您四处观,
> 为我指迷津,何处可长栖?

神谕给出了如下答复:

> 远在西方,沧海之上;越过高卢,有地可赴;
> 碧波环绕,古居巨人;今无人烟,正适汝民;驶
> 向此地,终可长栖。

不言而喻,神谕所指的就是不列颠岛。布鲁特斯便按照神谕所指的方向,从荒岛扬帆起航,穿越地中海,继续向西进发,最终到达了"赫拉克勒斯之柱"。当时,直布罗陀巨岩和直布罗陀海峡对面的海角被称为"赫拉克勒斯之柱"。根据古代传说,那些海边的巨岩是大力神赫拉克勒斯所建的纪念柱,用来标记他所到达的最西边。布鲁特斯穿越直布罗陀海峡后,沿着西班牙海岸线继续向北航行。

在进入比斯开湾前,惊涛骇浪不断,加之物资匮乏,布鲁特斯陷入了困境,饱受煎熬,但他们的小船乘风破浪,最终安全抵达了不列颠岛岸边。上岸后,他们便开始勘察。他们发现岛上郁郁葱葱,果实累累,只是没有人类的踪迹。

森林里野兽横行，洞穴里有巨人残存——这些像狼一样的怪物与人类完全不同。布鲁特斯和手下向岛上这些"原住民"发起进攻，最后不仅将野兽赶进苏格兰和威尔士的深山里，还消灭了那些残留的巨人。其中巨人的头目名叫高格玛高格，他被布鲁特斯的手下从与岛相连的悬崖顶上投进了大海。

虽然大不列颠岛与加拿大东部的拉布拉多地区纬度一致，但拉布拉多地区几乎常年积雪，而大不列颠岛却绿意盎然，风景秀美。现代人觉得大不列颠岛的面积很小，但当时的特洛伊人和高格玛高格的巨人部落却觉得岛很大。

图为布鲁特斯率领手下向不列颠岛上的巨人发起进攻，绘于 1808 年

第一章 不列颠人

岛上绿油油的田野和苍翠的森林一直向内陆延伸。大不列颠岛南北长约六百英里,我们似乎可把这个岛称为"大陆"。现在岛上的人民占领了世界上许多地方,这时大不列颠岛的面积就显得微不足道了。对于布鲁特斯及其随从而言,这片土地便是整个世界了。他们所登陆的地方东西宽四百英里。他们不断向北前进,发现这片土地比他们想的还要大,而且风景依然美丽。他们每天走到夜幕降临就停下。天虽然黑了,但岛上那绵延不绝的葱郁依然横亘在他们眼前。最

图为高格玛高格雕像

后,他们搞清楚了:岛的南部是广袤无垠、绵延起伏的平原,北部是一望无尽的山脉与缤纷多彩的幽谷。所有这一切——平原、山谷和山脉,土壤是那么肥沃,风光是那么旖旎,物产是那么丰富,牛羊可以繁衍,人类可以生息,简直是安居乐业的天堂。

因此,布鲁特斯率随从在岛上定居下来,建立了王国,治理着国家。关于布鲁特斯继承者的生平事迹、丰功伟绩和争权夺位的故事不计其数,一直可以讲到凯撒大帝时期。

宫廷里,权力斗争不休;部落间,烽烟四起,战事不断;当时,所谓的城市不断兴起,但实际上这些城市可能只有简陋的茅屋和棚舍;堡垒与要塞随之设立;河流以王公贵族的名字来命名,其中许多人要么不小心溺水而死,要么是在争权夺位中被投入河中淹死。历史记载中包含了大量传说,既没意思也无价值。不过,当我们告诉读者,李尔王的故事是其中最有意思的一个传说时,读者却会欣然承认。李尔王的故事是这样的:

有个国王叫李尔,他建立了一个现在称之为"莱斯特"的城市。他有三个女儿,分别是高纳拉、里根娜和科迪莉亚,其中科迪莉亚最受他宠爱。虽然三个女儿都对父亲敬爱有

图为风暴中的李尔王,威廉·戴斯绘

加,但李尔王仍心存戒备。一天,他把三个女儿叫到了身边,让她们说说到底有多爱他这个父亲。大女儿和二女儿用尽所有溢美之词,说对父亲的爱比自己的灵魂还要深沉一千倍,甚至还说她们所有的语言都不能充分表达自己对父亲的那种热烈深沉的爱,希望让时间来证明她们的感情是多么真挚。

而此时,科迪莉亚正温顺娴静地站在父亲旁边。当父亲问到她时,她答道:"父亲,对您的爱是我的义务。作为父亲,您还要我这个女儿许诺什么呢?她们假惺惺地说了那么多溢美之词,不过是阿谀奉承罢了。"

李尔王的年岁已经很大了,头脑变得十分简单。他对

图为油画《李尔王的三个女儿》

高纳拉和里根娜的溢美之词非常满意,却认为诚实的科迪莉亚冷漠无情。他越来越疏远科迪莉亚,但对另外两个女儿格外照顾。后来,他把大女儿和二女儿分别许配给王公贵族,并决定把国土一分为二,分别赐予她们。至于科迪莉亚,他什么也没给她留下。然而,法兰克国王被科迪莉亚的诚实所打动,打算娶她为妻。比起李尔王,法兰克国王似乎更明白诚实质朴比浮夸奉承更宝贵。虽然科迪莉亚一无所有,但他还是娶了科迪莉亚,并带她去了欧洲大陆。

此后,李尔王就将自己的王国交给了两个大女儿。她们用诡计、耍手段,试图把父亲的一切据为己有。最后,老国王完全沦为两个女儿的附庸,并不得不轮流跟着她们

图为李尔王和科迪莉亚,福特·马多克斯·布朗绘

第一章 不列颠人

生活。这还不止,她们在丈夫的教唆煽动下公开羞辱李尔王,最终李尔王成了她们难以容忍的累赘与负担。无奈之下,他只得离开自己的王国。在贫困交加、悲痛欲绝中,他前去投奔曾经被他疏远的小女儿科迪莉亚。科迪莉亚欣然收留了父亲,并且依旧对他敬爱有加。后来,为了帮父亲夺回自己的国家,她集结了一支军队。接着,她亲自率军陪父亲回国。最后,科迪莉亚大获全胜,老国王的王位恢复了,并用余生和平地统治着这个国家。这个故事本身并不出彩,经莎士比亚改编,却作为一部优秀的悲剧永垂不朽。

又过了几百年,凯撒大帝越过英吉利海峡,登上了英

图为科迪莉亚接纳了狼狈的父亲,本杰明·委斯特绘于1793年

格兰。罗马人进驻英格兰的史实记录在《凯撒大帝》一书中。接着,罗马人统治大不列颠岛长达三百六十多年。然而,罗马人的统治并非一帆风顺。那些罗马将军们经常在他们声称有权管辖的地区横行霸道,残酷地压迫不列颠人。不列颠人难以忍受,就奋起反抗,致使罗马人不断陷入困境。

不列颠人反抗罗马人统治期间,罗马人遇到的最激烈的一次反抗是由一个名叫博阿迪西亚的女人领导的。博阿迪西亚像其他女英雄一样相貌平平。她的个头高大,一身男子气概;她的声音刺耳难听,面容酷似野蛮人。她的头发是黄色的,如果能梳理整齐,遮住脸庞,显出女性的妩媚,那就会很美。但实际上,她的这头黄发只是松散地披着,一直垂到腰部以下。风吹过来,长发飘动,让她看起来更吓人了。

不过,博阿迪西亚打心眼里还是很在意自己在他人眼中的形象。她一度表现出要给他人留下美好印象的愿望,只不过是用她自己独有的方式而已。她的衣服华丽,色彩缤纷,最外面用纽扣系着一件披风。她戴着一条很大的金项链,手握一把镶有装饰物的矛。她经常以这身行头出现在成千上万人组成的大军面前。一次,她把军队召集到她的周围,然后她登上一座山丘,向将士们发表了慷慨激昂的演讲。为了尽量让更多的将士们听到,她放开了嗓门。通过精彩的演讲,她调动了将士们复仇的勇气,鼓舞了将士们战斗的信心。

第一章 不列颠人

博阿迪西亚与罗马人之所以势不两立,是因为罗马人占领了她的王国,抢走了她的财宝,囚禁过她,折磨过她,甚至糟蹋了她的几个女儿。这些凄惨的遭遇让这个不幸的母亲充满了仇恨,她要奋起反抗、报仇雪恨。然而,一切

图为博阿迪西亚发表演讲,约翰·奥佩绘

最终都是徒劳的。面对罗马军团锋利的刀枪剑戟,她的军队战败了,博阿迪西亚也在绝望中服毒自尽。

罗马人和不列颠人之间的斗争一直持续了好几代人的时间,但每次都是罗马人获胜,直到最后不列颠人逐渐不再反抗,转而服从罗马人的统治。事实上,在这几百年中,一股新势力出现了,即皮克特人——不列颠群岛凯尔特人的分支;他们是一群目无法纪的野蛮人,居住在苏格兰和爱尔兰的深山里和沼泽中。这些可恶的野蛮人不断侵入英格兰南部烧杀抢掠,离开时摧毁他们带不走的一切东西。他们据守的要塞和堡垒不但坚固而且很难靠近,有的在峭壁上,有的在幽岛上,幽岛的四周是布满岩石的海岸和大海的惊涛骇浪。罗马军团为了将他们从这些易守难攻的地方赶走,多次展开军事行动,但基本上都以失败告终。最后,罗马军团在大不列颠岛上,即现在英格兰和苏格兰边界附近,建了一道防御线;负责大不列颠岛防务的罗马将领们守着这道防线,全力保护南部的居民,毕竟这些居民早已服从他们的统治了。

在罗马统治不列颠岛时期,最值得注意的一件事是有位罗马皇帝曾经到过他所统治疆域的最北边。这个皇帝名叫西弗勒斯,他的兵力雄厚,财力富足,但性格放荡不羁,这使他不仅遇到了一次大灾难,还与儿子们一直争斗不休。因此,他的一生充满了痛苦和怨恨。他的儿子们品行不端,无恶不作,不仅让他们自己蒙羞,还让父亲丧尽颜面。为

第一章 不列颠人

了让他们离开罗马,也为了消除他们之间凶残的争斗与仇恨,西弗勒斯便带着他们前往大不列颠岛,希望他们在那里能改过自新,走上正道。

途中,年迈体弱的西弗勒斯得了痛风,再也无法乘坐任何交通工具,只能一直坐着轿子。他率领大军渡过英吉利海峡后,留下其中一个儿子在大不列颠岛南部驻守。他和另外一个儿子巴西阿努斯率领大军继续北进,打算深入苏格兰腹地,以便彻底结束同皮克特人的战争。

然而,一路并不顺利。士兵们陷入了沼泽,遭到了伏击。他们饥渴交迫,艰难困苦纷至沓来。敌军多路来袭,他们只得分别出击,最后他们在战斗中处于劣势。此外,巴西阿努斯让西弗勒斯忧心忡忡,麻烦不断。巴西阿努斯放荡、残暴的性格并没有因为换了地方而发生改变。他密谋篡位,煽动军队叛乱。最终在一次暗杀父亲的计划中他被发现了。西弗勒斯让巴西阿努斯来到他的帐篷中,将一把出鞘的剑摆在儿子面前,严厉地斥责了他的不孝和忘恩负义,接着说:"如果你要杀我,那就现在动手吧。"

图为巴西阿努斯雕像

我现在就站在你面前,年老体弱,手无寸铁,而你正年轻力壮,可以轻而易举地杀了我。我准备好了,你动手吧!"

面对父亲的斥责,巴西阿努斯退缩了,最终没敢杀父弑君,而是逃走了,可他的性格一直未变。西弗勒斯面对儿子的不孝,又遇到军事上的许多困难,最终他没有完全征服北方的敌人。他同敌人达成了某种和平协议,然后率军撤到我们之前提到的那道防线南面。他决心要在防线上建一座永久的长城,并使防线成为固定的边界。他将所有士兵派去修长城。据说,建成长城花了不到两年时间。该长城在历史上被称为"西弗勒斯长城",它非常坚实牢固,直到现在还有遗迹残存。

西弗勒斯长城横穿不列颠岛,从英格兰东海岸日耳曼

图为1854年的西弗勒斯长城木版画

海①的泰恩河河口到英格兰西海岸的索尔韦湾，东西绵延约七十英里。它十二英尺高，八英尺宽，两边砌有坚固的砖石，中间填有石头，在海湾段或沼泽段打桩作基。当然，像这样的长城本身并没有防御能力。该长城由士兵驻守，而长城的防御作用发挥出来后，驻守的士兵就大大减少了。城墙每隔一段就建有一座大堡垒。不管在哪里，只要对城墙结构有利，就会建这种堡垒。随着堡垒的修建，周围很快就出现了许多由匠人和劳工居住的小镇。这些堡垒之间每隔一小段建有一些更小的堡垒，也就是"里堡"。里堡既是防守之地，也是进攻时的集结点。此外，里堡之间每隔一小段建有塔楼，用作瞭望台和哨兵岗。因此，整条长城防线上到处都有武装士兵驻守。据说，在这座了不起的长城上驻守的人数多达一万人。长城北侧修有一条又宽又深、绵延不断的壕沟，从而让长城更加坚不可摧；长城南侧是一条宽阔的、修建良好的军用道路。通过这条道路，军队、粮草、马车和各种武器都可轻易地从防线一端运到另一端。

只要罗马军团一直守卫着这座长城，就可以有效地抵御外敌入侵。但是随着时间的推移，大约在西弗勒斯时代的两百年后，罗马帝国开始衰落了，在其权力中心罗马，

---

① 即现在的北海。——译者注

帝国的统治甚至也变得摇摇欲坠。所以，为了确保首都的安全，帝国政府必须召集驻扎外地的军队回援。最后，这座长城便留给不列颠人防守，但不列颠人却没有守住。皮克特人发现罗马人离开后，便重新发起了进攻。他们捣毁了里堡，破坏了城墙，甚至改变了原来从陆上入侵的方式，乘船穿过索尔韦湾和泰恩河口。陷入险境的不列颠人一次次向罗马人求援，虽然罗马人确实援助过不列颠人，但杯水车薪。最终，求助于罗马人的希望破灭了。不列颠人觉得情况危急，便孤注一掷，被迫采取了一个希望渺茫的补救方式，详情请见下章。

第二章

盎格鲁-撒克逊人

精彩看点

亲属特征代代相传——人类的不同种族——高加索人出类拔萃——埃及人——腓尼基人——希腊人——罗马人——体质优势——盎格鲁-撒克逊人——海盗和强盗——狂热大胆的远征——所向披靡——两个明显的相似之处——婚姻忠诚——不屈不挠——盎格鲁-撒克逊人到达英格兰——君主制的开端——登上萨尼特岛——三艘船——船的名字——亨吉斯特和霍萨——萨尼特岛——埃布斯舰队——登陆英格兰海岸的动机——延长停留时间——不列颠国王沃尔蒂格恩——求援——抗击皮克特人——沃尔蒂格恩割让土地——联姻结盟——盎格鲁-撒克逊人攻城略地——沃尔蒂格恩沦为阶下囚——亚瑟王——圆桌骑士——发现奸情——决斗——亚瑟王离开人世——亨利二世——格拉斯顿伯里修道院——搜寻尸体——亚瑟王与妻子的尸骨——对亚瑟王的记载

第二章 盎格鲁-撒克逊人

大家看看自己熟悉的亲属就会注意到：亲属的特征和相似之处不仅体现在身高、体型、面容等外在特征上，也体现在气质、性情和做事能力等内在属性上。有时，我们会看到，某个族群数代都具有高智商和强大的行动力，繁衍出的所有旁系分支也是如此；但有时，当人的价值观形成后，遗传对性格的影响就变得微乎其微了。然而，有的族群则天生体力充沛，胆量过人，肌肉发达，强健有力。尽管有例外情况，但很明显这些差异还是根深蒂固地永久存在。它们不是由外在原因造成的，其根基在于与生命起源有关的内在准则。这种准则代代相传，哲学家至今也未能搞清楚。

在我们周围的家庭中，这些相同的先天体质特征处处可见。从更大范围看，这些特征体现了世界上不同民族的特点；从更深远的意义上来讲，这些特征将人类划分成几大不同种族。生理学家认为，世界上有五大种族，他们的思想特征和身体特征十分明显，亘古未变。这些特征经遗传代代相传，虽然后天的外界环境可能会影响到它们，但其本质并不能改变。例如，印度人种和非洲人种都在自己的大洲上生活了千年，面临的都是相同的多样性气候，受到的外界影响也大致相同。可他们不论是外形、肤色和其他身体特征，还是气质方面的特点，都截然不同！没有什么族群能像狼或狗一样，从一种改变到另一种，狼被驯化后可以变成狗，而狗若被驱赶至森林，则会变成一只凶残的狼。印度人种或非洲人种同高加索人种，即白种人相比，差别更大。要不是一些亚洲和非洲民族，如波斯人、腓尼基人、埃及人、迦太基人及现今的土耳其人都发源于这个种族，那么高加索人种也可称为欧洲人种。这个人种中的所有民族，无论是欧洲的，还是非洲的，都具有相同的特征，他们不仅在头部构造和皮肤颜色等身体方面具有相同特征，而且在智力、体力、意志及自豪感等品性方面具有相似点。从古至今，他们都一直在征服外部环境，而不是让自己的生存屈服于外部环境。比如，非洲种族中也有一些伟大而高尚的民族，这一点毋庸置疑。可两千年来，非洲人种和高加索人种都独自占据一方大陆，在很大程度上不受人类其他族群侵扰，这一事实似乎表明，两个人种在体型方面的差异是显而易见、亘古不变的。就目前所知的情况来看，虽然两千年来，非洲种族中的所有民族都处于文明的最初阶段，但高加索族种却演变出五十多个完全

第二章 盎格鲁-撒克逊人

不同的独立文明。三千年来,高加索人种在任何环境和各种情况下,都始终展现出同样的特质和不屈不挠的英勇精神。不管多大的灾难,破坏力多强的战争、瘟疫、饥荒,也不管是多么长久而阴郁的黑暗时代,都不会使高加索人种退化堕落,变得野蛮粗暴。近千年来,整个种族没有出现一个野蛮民族,现在也没有。

世界历史中,几乎所有伟大的发现与功绩都是由人类大家庭的这一分支创造的。他们经历过的每个时期、占领过的每个国家都赫赫有名,他们运用智慧取得了巨大成就,获得了重大发现。例如,埃及人在三千年前建造了金字塔和巨大的石像群,至今依然和初建时一样完美;腓尼基人

图为古老的埃及金字塔

建造了船舶,完善了航海技术,在没有指南针和航海图的条件下,探索了一片片海域;希腊人创造了建筑装饰,雕刻出大理石塑像,谱写了诗歌和历史,获得了世人的称颂;

图为雕刻在古代腓尼基石棺上的船型浮雕

罗马人创造了一套完备的军事系统,统治着五十多个国家,上亿人口。罗马帝国的统治者们还有一位地位至高无上的情人①,她那壮丽辉煌的宫殿和雕像依然存在。因此,无论住在哪里,说何种语言,处于什么时期,高加索人种都会因其充沛的精力和过人的智慧而始终出类拔萃。他们学

---

① 即埃及艳后——克莉奥帕特拉。——译者注

第二章 盎格鲁-撒克逊人

会了现在人人都能使用的印刷术，让所占领的每个国家都能拥有永久的历史记录；他们探索宇宙，运用精准的计算研究宇宙中所有复杂的运动；他们探索地球，将种类繁多的植物、动物及地表矿物分门别类；他们利用水蒸气和流水完成了人类温饱所需的多半工作；他们在海上乘风破浪，迎着无法抵抗的破坏力与恐怖征兆，进行全球商品互换，将财富与繁荣带到每个地方。

从古至今，在高加索人种的不同分支所定居的各类迥异环境中，他们都表现出同样伟大的特征以及某种内在持久的体质优势。不过，不同的分支也会有小差异，这些差异一部分可能是由环境差异造成的，另一部分可能是由相似但多样的体质差异造成的。这种体质差异令一个分支区别于其他分支，就如同某一人种有别于其他人种，这点我们已经做过比较。在高加索人种的这些分支中，我们盎格鲁-撒克逊人宣称自己是最优秀的分支。

盎格鲁-撒克逊人起初以做海盗和强盗为生，并且他们是九死一生、亡命天涯的那种海盗和强盗。事实上，现代的盎格鲁-撒克逊人所拥有的非凡能力、冒险精神以及在抗击敌人时不顾一切的勇气，早已不是新鲜事了。这个人种的祖先当年威震四方，不仅阿尔弗雷德时期如此，阿尔弗雷德之前的几个世纪也是如此。凡是提及他们的历史学家，都会这样描述，相比邻近的几个民族，他们精力充沛，热情高涨，在心理、生理方面均具有优势，他们的冒险精神和行为不断促使他们进行狂热大胆的远征，所有这些都让他们威震八方。他们造了船，勇敢地远航到日耳曼海和波罗的海进行掠夺或征服。和现在生活于不列颠群岛和大西洋沿岸的子孙后代一样，他们不管严寒还是酷暑，不论风平浪静还是暴风骤雨，都会出海航行。事实上，他们经常选择在暴风雨雪天气起航，这样能更出其不意地攻打敌人。

他们会用柳条建造大船小舟，外面再盖上兽皮，盎格鲁-撒克逊人乘着这些易破的小船，组成船队，在日耳曼海域中乘风破浪。在这些远征中，他们都怀着共同的理想，拥有共同的利益。首领和水手们同甘共苦，戮力同心，一同商议计划。他们聪慧敏捷，英勇无畏，锐不可当，再加上冷静睿智，每次出行都所向披靡。可以说，攻时战无不克，追时一击必中，退时游刃有余。他们衣着宽松，长发披肩。和如今的后代一样，他们拥有设计和制造精良武器的技艺，单从这方面讲，他们也比同时期的其他民族具有优势。在古老野蛮的先辈和如今繁衍壮大的子孙后代之间，有另外两个明显的相似之处：一个是他们都严格遵守婚姻忠诚的理念，所有违背妇德的行为都会受到严酷的审判。古时背叛婚姻的妇女会被绞死，尸体会在公众场合焚烧，而她的情夫则会在焚烧过的灰烬上被处死；古盎格鲁-撒克逊人和现代子孙的另一个相似点是不屈不挠的自尊心。他们绝不能忍受投降，就算有时被打败，他们也绝不会就

第二章 盎格鲁－撒克逊人

此屈服。就算沦为阶下囚或被俘，不屈的意志也会激励他们永不屈服。罗马人过去常常强迫犯人当角斗士进行决斗，供市民消遣娱乐。一次，三十个盎格鲁－撒克逊人被俘，不幸遭此厄运，但他们奋死抵抗，拒绝受此羞辱。整个盎格鲁－撒克逊民族在任何时候都表现出不屈不挠的意志，敢于面对任何可能的危险与灾难；他们生来就是为了实现自己的目标，从不屈服于任何权力；他们的后代，不管是在英格兰还是美国，都充分体现了这种精神。

一些船停靠在泰晤士河口附近的一个小岛旁，船上载满了这些坚定凶残的野蛮人，他们登上了小岛。于是，盎格鲁－撒克逊人便到了英格兰，这是英格兰历史上的重大时刻，标志着不列颠岛开启了强大、昌盛的新纪元。英格兰的历史的确可以追溯到这个时期之前，正如前文所述，罗马人和不列颠原住民曾在英格兰争斗，皮克特人也曾侵略过英格兰；但是在盎格鲁－撒克逊人到来以后，所有这些土著居民都逐渐退到了舞台之后。盎格鲁－撒克逊人不仅完全取代了旧种族，还独创了现行的君主制，所以，在这个新种族到来之前的所有一切都百废待兴，就好像英国清教徒到来之前，美洲土著部落的历史一样。因此，正如清教徒登上普利茅斯岩标志着美利坚合众国历史的真正开端，盎格鲁－撒克逊冒险者们登上萨尼特岛也标志着英格兰君主制的开端。因此，虽然这件事发生在模糊的远古时代，但仍是一个伟大而令人瞩目的里程碑。

图为清教徒登上普利茅斯岩,亨利·培根绘

尽管这件事影响广泛,意义深远一直持续到现在,但在当时似乎只是件微不足道的小事。第一批到来的船有三艘,但关于船的大小和特点众说纷纭。关于船的载量,有说三百人的,还有说三千人的。然而,这似乎不太可能,因为那个时期建造的三艘船装不下这么多人。因此,我们只能猜想,这个数字中还包含早先由历史学家组成的探险人员,或者还有其他交通工具与这三艘船一同前去。无论情况怎样,历史上都认为这三艘船的到来标志着盎格鲁-撒克逊人首次登陆不列颠。

事实上,当时那些半野蛮的航海者在不列颠海域所乘的船究竟是什么样子、能载多少人,几乎是无人知晓的。但这些船的名字的确流传了下来,这几乎是我们现在能获

第二章 盎格鲁-撒克逊人

知的所有信息了。当时这些船被称为 cyules[①],古代历史记载中有时也会拼成 ceols 或其他形式。这些船只容量相当可观,结实牢固,能应对海上的恶劣天气。在日耳曼海域片刻不宁的水面上,无论是冬天的暴雨,还是夏天的狂风,这些船都能习以为常,勇敢地面对每一次险境。

首次登陆不列颠群岛的盎格鲁-撒克逊人的指挥官名字也流传了下来,如人们所料,这两个指挥官名扬天下。他们是兄弟二人:亨吉斯特和霍萨。

他们登陆的地方就是萨尼特岛,萨尼特岛是位于泰晤士河口南岸的一片土地,一直延伸到海里,并在泰晤士河口南面形成了海岬。海岬最末端是北佛尔兰角。成千上万的船只驶出泰晤士河后,若要继续南下法国、地中海、印度和美国,必须经过萨尼特岛,所以全世界的航海家们都熟知此地。萨尼特岛几乎不应该称为"岛",实际上,它是不列颠主岛的一部分,只有一条细小的溪流将其和主岛分开。在早期,这条溪流十分宽阔,可供船只航行,但现在几乎被泰晤士河所携带的沙子和沉淀物阻塞了。在海浪的冲击下,这些沙子和沉淀物都被带进了这条小溪。

亨吉斯特和霍萨时期,小溪很宽,溪口为他们的船只提供了足够大的港湾。他们在一个叫"埃布斯舰队"的小镇登陆。如今,这个小镇已经在内陆较远的地方了。

---

① 音译为"克于勒斯"。——译者注

关于兄弟二人第一次登陆英格兰海岸的动机，目前尚不清楚。这是一次平常的海盗出行呢，还是恶劣天气迫使他们至此，抑或他们受邀于不列颠国王？现在我们都不得而知。无疑，这些盎格鲁-撒克逊人在某种与上述理由相似的情况下，曾经常在此登陆。接着，他们对内陆进行短暂侵略后，就扬帆起航，满载而归。然而这次，他们登陆的这个地方，政治状况极其特别，致使他们首次延长停留时间，并最终长久定居。兄弟二人及其追随者和他们的子孙后代很快就成为这里的主人，并延续至今。具体情况是这样的：

当时的不列颠国王名叫沃尔蒂格恩。盎格鲁-撒克逊人到来时，这里已经陷入皮克特人入侵的危急时刻。在这个节骨眼上，沃尔蒂格恩并没有像阿尔弗雷德之后遇到类似情况时所做的那样，去加强警戒，奋起反抗，而是像弱者经常在陷入绝望时所做的那样，选择了堕落。他放任自己花天酒地，就像沉船上堕落的水手，力图借内体的快感消解精神上的痛苦。这样的人愿意不惜任何代价，到处寻求援助，摆脱危机。因此，沃尔蒂格恩并没有把盎格鲁-撒克逊入侵者当作新敌人，而是想办法向他们求援。他主动提出把岛上的一大块土地割让给他们，但条件是他们要支援他抗击皮克特人。

亨吉斯特和霍萨同意了这个提议，派遣军队加入了战斗，击败了沃尔蒂格恩的敌人。他们还派人越海回到家乡，

图为亨吉斯特和霍萨登陆不列颠,理查德·罗兰兹绘

邀请新的探险者们加入。沃尔蒂格恩对自己的权宜之计十分满意。皮克特人被赶回北方深山里的要塞堡垒中，不列颠人借助新盟友的保护和援助，再次让自己的领土获得了和平安宁。

与此同时，在沃尔蒂格恩割让的土地上，盎格鲁－撒克逊人迅速地定居下来，其实力不断发展壮大。如前所述，那块领土位于英格兰东南部，就是如今的肯特郡。此外，除了通过增加人口和增强兵力来壮大自己外，若是传说无误，亨吉斯特还想方设法地通过自己熟悉的联姻方式结盟，从而扩大个人影响，而且这个办法颇有成效。他有个女儿叫罗文娜，既漂亮又有才华。亨吉斯特让她来到英格兰后，就设宴盛情款待沃尔蒂格恩国王，当然也邀请了其他许多贵宾。宴会进行到一半时，美酒和欢乐的气氛已使沃尔蒂格恩非常亢奋。这时罗文娜过去给他斟酒。如亨吉斯特所料，沃尔蒂格恩见她如此优雅美丽，便怦然心动，神魂颠倒。沃尔蒂格恩知道罗文娜是亨吉斯特的女儿后，便向她求婚。亨吉斯特想充分激起沃尔蒂格恩的渴望后再同意他的请求，就假装不同意。最后，这位国王成了将军的女婿。这是一则旧史书上的故事，现代的史学家对此观点不一，有人认为是真实的，有人认为是虚构的。

无论如何，亨吉斯特和霍萨的势力日益壮大，实力不断增强，人口数量翻倍增长，这让不列颠人开始担心，唯恐这些新朋友最终会变得比那些已经被赶走的可怕敌人更

图为罗艾娜为沃尔蒂格恩国王斟酒,威廉·汉密尔顿绘

难对付。接着,冲突发生了,最后双方准备开战。不久,接踵而至的冲突演变成了一场可怕的战争,更确切地说是一系列战争,战争就这样持续了两百年。期间,盎格鲁-撒克逊人不断攻城略地,而不列颠人总是战败。盎格鲁-撒克逊民族在生理和心理上的优势,使他们在任何地方都毫无例外地成为胜者。

但偶尔也有和平时期,出现暂时的或局部的友好局面。人们说亨吉斯特就是趁着这样一次机会背叛了不列颠国王。他邀请女婿沃尔蒂格恩国王及其三百名官员参加宴会,由于不列颠人在宴会上挑起了一场争端,随后,早就做好准备处理突发事件的撒克逊精兵便被召来,趁乱杀死了所有不列颠人。沃尔蒂格恩则沦为阶下囚。最后,他提出割让三个郡给亨吉斯特,以便赎回自由。亨吉斯特把这次争端的责任都推给不列颠客人后,便同意了这一请求。实际上,这些不列颠人也确实应当受到谴责。

著名的亚瑟王就生活在撒克逊人与不列颠人交战的时期,他当时享有盛名,所统领的圆桌骑士至今在民间歌谣和传说中还广为流传。作为不列颠人的国王,他表现出过人的英勇果敢。他身材魁梧,肌肉强健,英勇无畏,杀死了巨人,打败了猛兽,在战斗中取得了辉煌的胜利。他还长途跋涉去国外探险,有一次为了获得圣十字架,他去了耶路撒冷朝圣。他的妻子是康沃尔郡首领的女儿,非常美丽,名叫格尼薇儿。一次,他远行归来,发现他的侄子麦德罗德趁他不在时与自己的妻子暗生情愫,两人便因此决斗。决斗在康沃尔海岸进行,他们两败俱伤。亚瑟伤得很重,大家把他带回船并沿海岸而行,直到驶入一条河流。他们沿河而上,最后到达了格拉斯顿伯里,并把奄奄一息的亚瑟王托付给了那里忠诚可靠的朋友。可他的伤实在太严重了,不久这位大英雄便离开了人世。他被埋在格拉斯顿伯里的教堂墓地中。为了尽可能躲避撒克逊人的疯狂复仇,大家把他深埋地下。对撒克逊人来说,亚瑟王是个不死不休的劲敌。他曾与撒克逊人进行过十二次激战,均取得了胜利。根据古老的传说,在其中一场战斗中,仅在短短一天内,亚瑟王就以一己之力斩杀了四百七十人。

亚瑟王去世五百年后,亨利二世从一个年老的英格兰诗人那里听说,亚瑟王就埋在格拉斯顿伯里修道院,人们在附近建造了一些小塔作为标记,他的尸体就在一个橡木制成的粗糙棺材里。接着,亨利二世便下令进行搜寻。在英格兰流传了数百年的民谣与传说,不断歌颂着亚瑟王的丰功伟绩,使其盛名远播,也激起了人们寻找、辨认其遗骸的极大兴趣。人们在修道院的墓地中发现了小塔,便在小塔间进行挖掘,最后挖到了一块石头。在石头下面,有一个沉重的十字架,上面刻有拉丁语:"此处埋葬着伟大的亚瑟王。"人们继续向下挖,最后在离地面十六英尺深的地方,发现了一具巨大的棺材,橡木材质,里面是一具身材异常高大的人体骨架。头骨很大,有十处伤痕,其中九处被骨头的凝结物封住，这表明，那些淤伤或骨折在他尚有气息时被治愈过，第十处骨折的状况说明那是一处致命伤。

亚瑟王妻子的尸骨也在附近。人们发现她时，她的头发保存完好，一如生前那样美丽，但被参与挖掘的一个修道士触碰后，便碎成了一堆粉末。

上述的这些是古老的编年史对伟大的亚瑟王的记载，他是古代不列颠原住民的最后一位且最伟大的权力代表。在所有早期的民族史料记载中，关于这位神秘主人公的描述十分奇特。尽管上述有关亚瑟王生前身后的事情都描述得十分细致，但到底是否有过这样一个人，现代学者之间依然存有争议。

第三章

丹麦人

精彩看点

建立撒克逊政权——遭外敌入侵——世袭制国王——"七国联盟"——撒克逊民族固有的特点——撒克逊公主的传奇——与王子拉迪格达成婚约——拉迪格悔婚——讨伐拉迪格——抓获拉迪格——迎娶公主——丹麦人——海贼王——以加入海盗为荣——幼子出海远征——夏季烧杀劫掠——西欧海域海盗横行——罗格纳·洛德布罗克离开丹麦——建立海上帝国——法兰克陷入恐慌——驶离法兰克——挑战盎格鲁—撒克逊人——整编队伍进发内陆——进入诺森布里亚——国王艾拉的军队阻击——罗格纳战败——被蛇咬死——丹麦人威胁——海贼王们袭扰英格兰——北欧海盗登上萨尼特岛——打入麦西亚——丹麦人战败——新的入侵者到来——罗格纳的儿子和亲属们复仇——国王艾拉惨败遭残杀——丹麦人继续侵略——韦塞克斯王国——国王埃塞尔雷德被杀——阿尔弗雷德临危受命

第三章 丹麦人

据年表记载，公元 499 年，亨吉斯特和霍萨作为首批盎格鲁 - 撒克逊人登上不列颠岛，但是直到两百多年后，撒克逊人才完全征服了不列颠人，并在这个岛屿建立了至高无上的撒克逊政权。又过了一两百年后，轮到盎格鲁 - 撒克逊人遭受外敌入侵了，这群入侵者就像当年的撒克逊人那样，穿越日耳曼海到达了不列颠岛。这群新的入侵者是丹麦人。

撒克逊人最终建立他们的政治组织时，并没有一个统一的政府管辖。相反，英格兰的领土被分为七八个独立的王国，这些王国由很多不同的王朝或世袭制国王所统治，相互之间结盟，或亲或疏，史称"七国联盟"。

这七国的历代君主，无论是处理内政还是外交，都会展现出撒克逊民族固有的特点——英勇无畏，不屈不挠。即使是王后公主，也是百折不挠，坚毅果敢，她们血液里所流淌的盎格鲁 - 撒克逊人的特质丝毫未失。

有一个关于撒克逊公主的传奇故事。欧洲大陆有一位国王，他的国家位于莱茵河和日耳曼海之间。他代表儿子拉迪格向这位公主提亲，公主同意了，婚约随即达成。不久，这位国王就去世了。在他弥留之际，他改变了主意。这位国王本人的第二任妻子是法兰克国王的女儿，法兰克人当时在欧洲大陆实力雄厚；考虑到自己大限将至，儿子突然继承王位后，势必迫切地需要一位强大盟友的全力支持，因此他建议儿子放弃这位撒克逊公主，而像他自己曾经做的那样，与法兰克人联姻。王子听取了父亲的建议；父亲刚死，他便立即迎娶了那位年轻的寡妇——他的继母。这种婚姻现在看来的确有悖伦理，但当时的人们却已司空见惯。

王子悔婚使撒克逊公主非常恼怒，于是她召集了军队，组建了舰队，然后扬帆起航，穿越日耳曼海，向背信弃义的拉迪格讨一个说法。舰队进入莱茵河口后，她亲率军队登陆。然后他们在登陆点附近扎营，公主将军队分为两路，一路看守她的营帐，另一路伺机攻打拉迪格。与此同时，拉迪格知道了这突如其来的危机，感到十分恐慌，立即组织军队迎击。

过了不久，公主派出的这支军队就回来了，说他们遇到了拉迪格，还把他打了个落花流水。他们胜利凯旋，想当然地认为这个背信弃义的王子已经因背叛受到了惩罚。可是公主并不满意，她命令士兵们再次深入敌境，如果抓不到拉迪格，就不能罢休。他们遵照命令，四处搜捕战败的拉迪格，最终，他们在一个树林里将他成功抓获，并把他带到了公主的营地。他恳求公主饶他一命，辩解他违背婚约既是情势所迫，也是父亲临终所求。公主表示可以原谅他，但前提是他得抛弃现任妻子，而履行和她的婚约。拉迪格被迫同意，于是和法兰克妻子断绝了关系，娶了这位盎格鲁-撒克逊公主。

其实，盎格鲁-撒克逊人在所有事情上，一直都表现出非凡坚毅的精神，战无不胜，直到最终遇到势均力敌的丹麦人。尽管在历史上他们普遍被称为丹麦人，但他们不完全都是丹麦的当地居民，他们来自北海和波罗的海的各个海岸。事实上，他们生活在海上而非陆地，就像两百年前的盎格鲁-撒克逊人一样，他们是一群大胆凶猛的海上

图为几名盎格鲁-撒克逊人，绘于19世纪

冒险者。对于丹麦人的描述，大都是凶残鲁莽，掠夺成性。他们经常出没于瑞典和挪威沿海一带的海湾及波罗的海入口处的一些岛屿。他们成群而居，每个部落都有一个首领，因为领地几乎都在海上，所以这个首领也被称作"海贼王"。他们统治的疆域，掌握的权力，辖下的臣民，都与海洋息息相关。他们自己造船或在海滨买船，暴风雨来临时，则在岛屿和海湾寻找藏身之所；他们从不住在房屋里，也不贪图享受陆地上的舒适生活，为此他们感到很自豪。他们还以到处侵占掠夺为傲，如果当时能加入丹麦海盗，那就是一种光荣。其至那些居住在陆地上的首领和贵族们也让他们的儿子加入海盗团伙，以赢得荣耀与财富，就像现代社会那些品格高尚的军人或海军军官愿意在一个光荣的海外机构服役一样。

这些部落中除了权势最大的领导者，还有数不清的小首领，他们掌管单艘船只或分遣小舰队。这些小首领通常都是陆地上的君王或首领的小儿子，年长的儿子则留在家里继承王位或遗产。当时如同现在的欧洲一样，出身贵族家庭的人，若勤恳地投身于某个需要踏实工作的行业，是很不光彩的。他们宁可毫无羞耻地劫掠杀戮，也不辛勤劳作。他们觉得，劫掠杀戮是光荣的，而本分行善是耻辱的。

家中的幼子很小时就被送到海上，通常都是十二岁，这样能使他们尽早适应各种环境与危险，比如可怕的战斗和寒冷的暴风雨，进而锻炼他们健壮的体格，以在恶劣的海上环境中生存下来。当他们回国时,迎接他们的是赞赏褒奖还是怠慢漠视,取决于他们所带回的战利品的多寡。在夏季的几个月里,陆上的国王会组织海军,进行类似的远征。他们会沿着海岸线巡航,在没有防卫的地点登陆,然后开始烧杀掳掠,奴役男人,劫持女人,有时还用长矛残害手无缚鸡之力的孩子,其行为之残暴令人发指。但当他们返回时,也许会发现自己的家园已被烧毁,只剩断壁残垣,这是其他类似他们的部落干的。

因此,那时的西欧海域和现在一样,到处是航运的船队,这些船队并不像现在一样装着货物,载着守规矩的水手,从事和平的海上贸易,所到之处也会大受欢迎;而当时船上装载的都是武器弹药,挤满了千夫所指的凶残强盗。

罗格纳·洛德布罗克便是这些海贼王中的一个,他因"丰功伟绩"而饱受称赞,其名字也被历史永远铭记,这在首批登陆不列颠岛的海贼王中尚属首例,而事实上,他的品性却和他的名字一样野蛮粗鄙。

罗格纳的父亲是挪威的王子,却娶丹麦公主为妻,因此罗格纳拥有丹麦王国的继承权。丹麦王国的领土包括波罗的海入口处的各个岛屿与海角。罗格纳有一位竞争者,名叫哈拉尔德。由于法兰克人支持哈拉尔德,所以罗格纳被打败后就离开了丹麦。但他并没有屈服,而是组建了一支海军,自称"海贼王"。面对海上风暴肆虐的恶劣环境,他果敢刚毅,运筹帷幄,力量很快就发展壮大了。他将其他海贼王纳入麾下，建立了一个海上帝国。他远征的次数越来越多。最终，为了向法兰克人报仇，他穿过多佛海峡，又从英吉利海峡南下，来到塞纳河口，随后溯流来到鲁昂，并在此登陆，使法兰克举国上下陷入恐慌。随后他从鲁昂向巴黎进军，一路上势如破竹，巴黎岌岌可危。他的军队摧毁了巴黎附近的圣日耳曼修道院。法兰克国王只能任由他们摆布，最后不得不花上一大笔钱买通他们。罗格纳和手下带着钱和战利品，返回鲁昂登船，驶离了法兰克，再次回到他们经常出没的波罗的海海湾和岛屿。

这次侵略让罗格纳臭名昭著，他的权势变得如日中天。之后，他对西班牙也进行了类似侵略。最后，他们愈加放肆，竟去挑战不列颠岛上的盎格鲁-撒克逊人，就像两三百年前的盎格鲁-撒克逊人侵略当地土著居民一样。但罗格纳在登陆英格兰时，遇到了盎格鲁-撒克逊人长矛利剑的抵抗，比起英吉利海峡南部抵抗他的那些人来说，盎格鲁-撒克逊人更难对付。在双方的斗争中，罗格纳最终被干掉了，具体情形如下：

为了袭击英格兰，罗格纳做了极为周密的部署，他很清楚将要面对的对手情况。他造了两艘巨舰，规模远大于普通船只，配备了最精良的装备，载着精挑细选出来的水手，沿苏格兰海岸线航行，伺机登陆。暴风骤雨在苏格兰幽暗的岛屿和山脉间肆虐，罗格纳的船舰被一股大风吹到了海岸。船支离破碎了，船上的人都逃到了岸上。罗格纳

罗格纳是挪威的王室成员,后由于其海盗生涯而名声大噪。图为在海盗船上的罗格纳与克拉克,奥古斯特·马姆斯特罗姆绘

并没有气馁，他将水手们组织起来，整编队伍后向内陆进发，消灭了一切敢于抵抗他们的敌人。最后他们进入了诺森布里亚，这是撒克逊王国的最北部。在这里，他很快就遇到了一支强大的军队，这是国王艾拉的军队。罗格纳破釜沉舟，向敌军发起攻击。据说，他三次突破了敌人的防线，带领自己的小部队杀出了一条血路。然而，他最终还是无力回天，被敌人击败。他的军队被击溃，他自己也沦为阶下囚。很遗憾，我们残忍的先辈们用了一种极其野蛮的方式处决了罗格纳。他们把战败的罗格纳推入放满蛇的洞穴，罗格纳便被这些毒蛇活活咬死了。正是诺森布里亚国王艾拉下令执行了这个残酷的惩罚。

图为诺森布里亚国王艾拉处死罗格纳

第三章 丹麦人

罗格纳的远征就这样落下了帷幕，在盎格鲁-撒克逊历史上没有留下永久的印记。但这次远征作为丹麦人——有时也被称为"北欧人"，因为他们都来自波罗的海和日耳曼海沿海一带——一系列入侵中的首例，是值得纪念的，但每次入侵都给盎格鲁-撒克逊人带来了无尽的麻烦。事实上，丹麦人曾一度威胁，摧毁不列颠岛上盎格鲁-撒克逊人的所有统治根基。如果不是阿尔弗雷德审慎细心，英勇无畏，精明睿智，技艺超群，那么丹麦人早就把盎格鲁-撒克逊人征服了。关于这位英雄人物，我们会在接下来的各章中详细介绍。

即使在罗格纳那个时期，罗格纳也不是唯一一位尝试登陆英格兰并侵略盎格鲁-撒克逊人的北欧人。尽管历史上并没有明确记载，但仍有大量的传说、民谣及古代编年史流传下来，记述了那时发生的各种事件。从中我们可以得知，那时海贼王们普遍都开始袭扰英格兰及周边可到达的海岸，其中一些侵略行为十分可怕，成为人们无法忍受的梦魇。

起初，这些北欧海盗只在夏季远航，掠夺到战利品后，会在秋季返回自己的海岸，整个冬天，他们就只在海湾和岛上。后来，他们变得越来越猖狂，公元851年秋，一大批北欧海盗登上了萨尼特岛，也就是四百年前撒克逊人曾登陆的地方，他们不慌不忙地在英格兰的土地上建立起过冬的营地，顺利地在此度过了冬天，准备在春季进行更疯狂的侵略。

　　他们形成了一个庞大的联盟，组建了一支舰队，包括大船、帆桨船及小舟共三百五十只，然后沿着泰晤士河英勇进发。他们攻陷了伦敦，之后又南下洗劫了坎特伯雷，接着，他们又打入盎格鲁－撒克逊王国之一的麦西亚，这里的人民无力抵抗，最终，盎格鲁－撒克逊人组织了一支大军与之抗衡。两军在一个橡树林里开战，丹麦人战败。然而这次胜利只让盎格鲁－撒克逊王国获得短暂的喘息。新的入侵者陆续到来，胜利让这些侵略者愈战愈勇，即使暂时失利，也不会让他们偃旗息鼓。

　　这些侵略中，来势最猛的一次是由罗格纳的亲属组织的。我们知道，撒克逊人曾在洞穴里用毒蛇残忍地咬死了罗格纳。他的亲属们群情激昂，不仅准备大肆掠夺，还怀有强烈的复仇愿望。他们花费大量时间组建了一支庞大的舰队，说服尽可能多的部落首领一起复仇。他们的同胞葬身于蛇蝎之口，而精心策划折磨他、让他受尽痛苦的人却在一旁以此为乐，这件事掀起了将士们的复仇狂潮。他们开始精心策划复仇大计，稳妥行事，留出充足时间招兵买马，组建联盟。一切就绪后，联盟中已有八位国王，二十位伯爵，大都是罗格纳的亲属与战友，其中两位最主要的统帅是古瑟罗姆和胡巴，胡巴是罗格纳的儿子。到了夏末，他们起航远征。靠近英格兰海岸后，他们登陆，期间没有遇到任何抵抗。这场巨大的危机看来会让撒克逊人

第三章 丹麦人

毛骨悚然、无力回天。虽然早在几年前，爱格伯特就将七国统一，但这种统一存在缺陷，各国或多或少仍心存嫌隙，每个国家都希望首个被侵略的国家会成为替罪羊；这些王国之间相互为敌，彼此虎视眈眈，并没有形成一个统一的联盟去抵抗共同的敌人。于是，丹麦人便悄无声息地驻扎下来，有条不紊地在新营地准备过冬，就如同在他们自己家乡一样。

这段时间内，尽管这些复仇者表现得异常冷静谨慎，但他们内心的仇恨之火却在熊熊燃烧。一开春，他们就开始列阵，向艾拉的领土进军。虽然艾拉竭尽所能地抵抗丹麦人入侵，但他的残暴行为早已激起了这些丹麦人复仇的怒火。丹麦人势不可挡。最终，艾拉的国家惨遭蹂躏，军队大败，他自己也沦为俘虏。罗格纳临死时在蛇穴里受到的恐惧与痛苦，丹麦人要让艾拉十倍偿还。于是，他们将艾拉的身体大卸八块，其过程之残忍令人发指。

撒克逊人认为，丹麦人达到了这次远征的复仇目的后，就会离开不列颠岛，返回丹麦家乡，然而他们并没有离开的意思。相反，他们对整个英格兰进行了一系列长达多年的侵略。对企图抵抗他们的人，他们一律格杀勿论。他们攻取了很多城市，然后驻扎军队，在城中定居，似乎要将这里作为永久的居所。王国一个接一个被攻陷，而仍在坚守的韦塞克斯王国成为丹麦人攻占的目标。埃塞尔雷德是当时韦塞克斯的国王，丹麦人攻入他的领地。在接下来的战争中，埃塞尔雷德被杀。继承王位的就是他的弟弟阿尔弗雷德，也就是这段历史的主角。在国家存亡之际，阿尔弗雷德临危受命，肩负起了执掌国家大权的重任。他既拯救国民于水深火热之中，也为这个国家后来的繁荣昌盛奠定了基础。他在危急情况下的所作所为，不仅赢得了所有国家的尊重，也造就了他不朽的威名。

第四章

小时候的阿尔弗雷德

精彩看点

幼年秘事——阿尔弗雷德的优秀品格——早年特殊经历——父亲埃塞尔沃夫——温彻斯特修道院——宗教与知识的中心——立誓修行——特许获准——埃塞尔沃夫继位——继续经营个人兴趣爱好——丹麦人入侵——阿尔弗雷德受父母熏陶——阿尔弗雷德被送往罗马——罗马之行盛况空前——埃塞尔沃夫亲自前往罗马——厌恶政务——出行规模壮观——途经法兰克王国——坠入爱河——到达罗马——向罗马教皇献礼——小阿尔弗雷德备受瞩目——英格兰国力强盛——在罗马生活一年——宗教与教育的影响——重建神学院——使人民受益——埃塞尔沃夫向茱蒂丝求婚——返回英格兰——埃塞尔巴德叛乱——埃塞尔沃夫去世——茱蒂丝与埃塞尔巴德结婚——阿尔弗雷德品学兼优——学习盎格鲁-撒克逊诗歌——阿尔弗雷德不识字——羊皮卷手抄本——阿尔弗雷德喜获爱书——喜爱读书——体格健壮——埃塞尔巴德与茱蒂丝的婚姻受到谴责——抛弃茱蒂丝——茱蒂丝与阿尔弗雷德永别

第四章 小时候的阿尔弗雷德

阿尔弗雷德君临天下的故事即将开篇，不过在这之前，我需要将时间轴倒回一点儿，给大家讲讲他年幼时的许多秘事。阿尔弗雷德和华盛顿总统一样，因具有多种优秀品格而著称，他不仅具有杰出的军事才能，还能坚持道德与宗教原则，恪尽职守，鞠躬尽瘁。这种综合的品格即使在人中龙凤里也难得一见，对阿尔弗雷德而言，这在很大程度上要归因于他早年的特殊经历。

如前所述，阿尔弗雷德直接继承了哥哥埃塞尔雷德的王位。他父亲叫埃塞尔沃夫；阿尔弗雷德多年后想法的特殊转变，极有可能在很大程度上是受其父母的遭遇和性格的影响。埃塞尔沃夫是家中幼子，在温彻斯特的一个修道院中长大。那时治学与虔诚的风气盛行，而修道院正好是治学与虔诚的场所。一千年前，人们的宗教信仰和职责与如今大相径庭，虽然夹杂着大量迷信成分，但人们仍然对基督信仰非常虔诚，朝参暮礼，上敬上帝之荣光，下祈百姓之福祉。战争与暴乱的激流横扫了所有不信仰基督教和不被十字架保护的地方，而到处林立的修道院却受到上帝庇佑，免受灾害。思想深沉、严肃认真和博学多才的人都隐退在修道院中，暂得一方净土，而狂躁不安、粗鲁野蛮、骚动混乱的俗世却陷入了无休止的争斗。这些博学之士在修道院中学习、写作、阅读，还誊抄书籍、管理档案、举办宗教仪式、教导年轻一代。总而言之，他们在这样一个与世隔绝的地方寻求庇护，发挥着现代社会生活中知识分子所发挥的作用。如果当时没有修道院，这一切都是无稽之谈。因此，对于现在有学问有信仰的人而言，无论是天主教还是新教，对盎格鲁－撒克逊时代那些修道院的诋毁都无异于数典忘祖。

埃塞尔沃夫是家中的小儿子，一开始无意继承王位，因此他前往温彻斯特的修道院立誓修行。埃塞尔沃夫的父亲对此并无异议，满心欢喜地等着大儿子登上王位。然而，随着埃塞尔沃夫长大成人，王室考虑到他哥哥万一去世，他就得继承王位，所以都希望他能放弃修行。他们便向教皇请求了特许。特许获得批准后，埃塞尔沃夫便在军中当了一名将军。最终他哥哥去世，埃塞尔沃夫继位成为国王。

然而，在埃塞尔沃夫统治时期，他平静宁和、严肃认真的品格逐渐显露。这是他当初进入修道院修行的原因，可能也正是修道院的生活习惯和潜移默化的影响，他的这些品质得到了强化与巩固。不过他有一位聪明能干、精

第四章 小时候的阿尔弗雷德

力充沛、英勇善战的大臣,多年来一直兢兢业业替他处理国家大事。当时,埃塞尔沃夫便将国家事务交给这位大臣处理,自己继续全身心地投入到个人的兴趣爱好中。他参观修道院,促进学术发展,捐助教堂,去罗马旅行。当时,埃塞尔沃夫的王国几乎将当时英格兰七国联盟里的其他小国全部吞并,变得愈加坚不可摧,一直到后来丹麦人入侵。此次入侵让这片领土危如累卵,但真正的危机却发生在埃塞尔沃夫去世后,下面将进行详述。

图为《圣经》插画上的埃塞尔沃夫

埃塞尔沃夫娶了一个温柔娴静、严肃认真的姑娘，这和他的性格很搭。阿尔弗雷德是他们最小的儿子，就和其他家庭一样，小儿子总是最受宠的那个。他常伴父母左右，受到他们潜移默化的熏陶，直到母亲亡故，那时阿尔弗雷德还十分幼小。此后，埃塞尔沃夫将阿尔弗雷德送到了罗马。罗马是当时的宗教和学术中心，就连现在的罗马[①]都无法与之媲美。欧洲各国都分别在罗马开办了贵族子弟学校。不过，阿尔弗雷德去罗马，并不是为了上学，他只是出趟远门，看看这个城市，认识一下教皇，并凭借"远行"之名，以英格兰未来君主的身份，引起欧洲的关注。这也是埃塞尔沃夫当时的意图，他没有考虑阿尔弗雷德的哥哥们，而是打算让最疼爱的幼子登上王座。

这次出行场面隆重，盛况空前。途经的法兰克王国各个城镇都热情地迎接这位年幼的王子，前来作陪的贵族和牧师络绎不绝。尽管阿尔弗雷德只有五岁，但他的尊贵地位与光明前景注定他会成为一个不同凡响的人。他在罗马短暂逗留后便返回英格兰。

两年后，阿尔弗雷德的父亲埃塞尔沃夫决定亲自前往罗马。他的妻子早已去世，年长的儿子们都已长大成人。埃塞尔沃夫逐渐步入老年，再加上丹麦人入侵带来的危险与恐慌，他日益厌恶政务。因此，他将政务托付给年长的

---

① 指十九世纪中后期的罗马。——译者注

第四章 小时候的阿尔弗雷德

儿子们管理,之后便带着七岁的阿尔弗雷德,穿越英吉利海峡,到达欧洲大陆,前往罗马。

这次出行的规模非常豪华壮观。诚然,那是一个未开化的半野蛮年代,人们的生活与工业技术发展滞后,但众多与战争有关的仪式,诸如军队行进、王家出巡阵列、马匹的装饰、战士的铠甲及阅兵盛典等,都取得了相当大的成就。

埃塞尔沃夫国王运用一切有利资源使这场远行享誉各地。他身边跟着众多侍从,还带着献给罗马教皇的许多奇珍异宝。前往意大利途中,埃塞尔沃夫国王必须经过法兰克王国。他受到了法兰克国王的盛情款待。法兰克国王有个年轻貌美的女儿,名叫茱蒂丝。虽然埃塞尔沃夫当时年事已高,但他依然坠入了爱河。

埃塞尔沃夫在法兰克王国短暂休整后,便启程前往罗马。他的到来引起了极高的关注。作为英格兰国王,埃塞尔沃夫是赫赫有名的人物,前呼后拥,威风气派。他的宗教偏好激发了他对罗马教会当局与体制的浓厚兴趣,同时,他也引起了罗马教会的高度重视。埃塞尔沃夫向罗马教皇献上了价值连城的礼物,其中一些礼物光彩夺目,举世罕见:有一件是纯金王冠,据说重达四磅;另一件是把镶金的宝剑;还有几件撒克逊的特色器皿,有纯金的,也有纯银镀金的;此外,还有大量华美的服饰。埃塞尔沃夫国王还给所有罗马居民分发了大量钱财:贵族和牧师分到的是黄金，普通百姓是白银。当然，撒克逊的编年史学家也和其他早期史学家一样，都喜欢夸大英雄们的所有功绩，吹捧英雄们的名望。他们是否对埃塞尔沃夫的慷慨也夸大其词了，我们不得而知。但毋庸置疑的是，埃塞尔沃夫对这座了不起的城市的一切访问活动吸引了全世界的目光，也让参与这场盛大远行的小阿尔弗雷德备受瞩目。

其实我们完全有理由相信，那时的撒克逊民族在人力和物力上已经达到一定水平，此次出巡无论是途经法兰克王国还是到达罗马，只要埃塞尔沃夫国王愿意，就完全能够摆得出这么大的排场。那时撒克逊人已经统治英格兰数百年了；尽管期间战事不断，撒克逊人既相互攻伐，也与邻国作战，但他们的经济一直在稳步增长，生活质量也有很大改进；因此，埃塞尔沃夫统治着一个相当富强的国家。他穿越欧洲大陆前往罗马，显耀了声名，引起了关注。

正如前文所述，罗马不仅是当时的教育中心，也是宗教圣地。其实那时的教育与宗教信仰是相辅相成的，书本知识与宗教密不可分。欧洲强国分别在罗马建立了专门的学校，用各国自己的语言教授其年轻学子们知识。埃塞尔沃夫见这座城市能给阿尔弗雷德提供诸多优越条件，便在罗马生活了一年。阿尔弗雷德是个十分善于思考、勤勉上进、恪尽职守的孩子。在这段时间，他不仅大开眼界，还增长了才干，储备了应对时势发展所需的知识。因此，宗教与学者对小阿尔弗雷德品性的塑造起到了决定性作用，

第四章 小时候的阿尔弗雷德

这种影响在他后来的人生中显而易见。

当埃塞尔沃夫到达罗马时，他发现，之前一个撒克逊首领建造的神学院已在前一年被烧毁。于是埃塞尔沃夫重建了这所神学院，并给这所学院打了比之前更坚固的新地基。他还从罗马教廷那里获得了相关法令，以保障在罗马居住的撒克逊臣民的权利。其中有些权利显然已经受到很严重的侵害，所以埃塞尔沃夫把他的臣民们从水深火热中救了出来。总而言之，埃塞尔沃夫此行不仅让人们见证了他的出行盛况，也向人们展示了他的国力，更为各个阶层的人民带来了永久切实的利益，这些人因此成为这位虔诚君主乐善好施的对象。

终于，一年就这么过去了，埃塞尔沃夫启程回国。当他再次途经法兰克王国并停留之际，发生了一件事情。这件事不仅对阿尔弗雷德来说意义重大，还改变了埃塞尔沃夫一生的命运。正如之前所说，埃塞尔沃夫爱慕法兰克国王的女儿茱蒂丝公主，于是向她求婚。我们无从得知这次求婚对这位公主本身有何影响，但在当时，婚姻也同现在一样，或深受政治因素的影响，或由一些位高权重的男人根据个人喜好来决定，而几乎不考虑女方当事人的意见或愿望。因此，她的幸福会受到极大影响。总而言之，不管茱蒂丝意见如何，这门婚事就这样定下来了，两人也就此完婚。后来，这位德高望重的国王便带着年轻的新娘回到了英格兰。据史学家所说，她当时仅有十二岁左右，这真是令人难以置信。

茱蒂丝的撒克逊名叫丽奥斯塔。尽管她无意且间接地给丈夫的统治带来了许多麻烦，但对于年幼的阿尔弗雷德来说，她却是位出色的母亲。阿尔弗雷德那三个不安分的哥哥野心勃勃，其中，埃塞尔巴德想继续掌控父亲不在时交付给他的那部分权力，不想在父亲回国后交还。他还以父亲娶了个年轻妻子为借口，发动了一场叛乱。埃塞尔沃夫深爱着自己的妻子，并打算给予她至高的政治地位和荣誉，埃塞尔巴德却对此颇有微词。这位喜爱和平而憎恶战争的父亲在此问题上对埃塞尔巴德做了让步，将王国的一部分领土分给了他。两年之后，父亲去世了，王权尽归埃塞尔巴德所有。埃塞尔巴德仿佛要把针对父亲的邪恶行径进行到底，竟然要求年轻貌美的茱蒂丝，也就是他父亲的遗孀，成为自己的妻子。他的这一行为不仅令人神共愤，更是违背了人类灵魂深处亘古不变的道德本质。茱蒂丝的第二次婚姻也将她的动机暴露出来，她竟愿意为了保住王后的尊位而与埃塞尔巴德结婚，我们也就能推测出，当初她没有拒绝嫁给埃塞尔沃夫，可能就是为了得到这个宝座。但在她的婚变中，我们或许不该将责任都推到她这样一个孩子身上。

阿尔弗雷德转眼从八岁长到了十二岁，聪慧过人，观察力敏锐。他跟随着父亲在法兰克王国和意大利的旅行中，了解了许多关于世界的知识，掌握了大量关于英格兰和欧

图为阿尔弗雷德大帝的雕像

洲大陆的信息。茱蒂丝对于阿尔弗雷德的进步十分上心，总是跟他交谈，鼓励他进行探究，并为他答疑解惑；茱蒂丝还竭尽所能地在各方面培养他的才智。阿尔弗雷德备受宠爱，虽然年龄尚小，但他极具责任意识，品性温良，由于具有这两种突出品格，他并没有受到宠爱与过分关心的不良影响。他还善解人意，沉静稳重，做事深思熟虑，充分利用自己享有的特权，但却不会滥用别人对他友好的帮助。

阿尔弗雷德非常喜欢当时流行的盎格鲁-撒克逊诗歌，这些诗歌中有传说故事，也有民间歌谣，不仅讲述英雄事迹，也讲述圣徒和流浪汉的各种奇遇。这些诗歌之于阿尔弗雷德就如同荷马史诗之于亚历山大大帝。阿尔弗雷德喜欢听别人讲这些故事，吟诵这些诗歌，也喜欢把它们牢记于心。在记忆的过程中，他必须得让别人一遍遍地重复给他讲述或吟诵，因为他并不识字。

可他当时已十二岁了。读者们也许会感到惊奇，毕竟之前说过，他在教育上所受到的关注和取得的进步很大，但他竟然不识字。现在，识字是所有人都会的一项基本技能，只要受过点儿教育，就肯定识字，然而在那个时代，能识字却被视为一项专门技能，只有专门读书的人才识字。修道士和文职人员往往是识字的，但普通百姓、达官贵人、国王几乎都不识字，也正是因为他们不识字，所以也不会写字。他们通常会在想认证的书面内容末尾画上一个潦草的十字来证明亲笔，而不是署上自己的姓名，这种方

第四章 小时候的阿尔弗雷德

式依然被沿用至今,但主要是社会最底层的人群在使用。

实际上,即使是社会的上流阶层,当时也普遍不学识字,因为根本就没有书可读。所有事都用手抄本记载,通常抄在羊皮卷上,写成这些文字实在劳心费力,其中的标题和首字母周围常用镀金微缩的头像、人物或风景画加以装饰。茱蒂丝就有这样一本撒克逊语诗歌的手抄本,在法兰克王国时,她学过这种语言。一天,阿尔弗雷德看着这本书,从视觉上欣赏着书中的文字,尤其是上面精心装饰过的标题。当时他的几个哥哥也在房间里,当然了,他们要比阿尔弗雷德年长许多。茱蒂丝便说,谁先学会读这本书,这本书就归谁。哥哥们对这个提议并不在意,但阿尔弗雷德却兴趣盎然。他立刻找人教他,不久就把这一卷书读给茱蒂丝听,并说这是他的书了。他取得了这样的成功,茱蒂丝很高兴,满心欢喜地兑现了自己的承诺。

通过对盎格鲁-撒克逊诗歌的学习,阿尔弗雷德很快就喜欢上了读书,并对学习拉丁语产生了强烈的兴趣。和现在一样,欧洲各国的学者当时也通过各种联系,形成一个圈子。这些学者所说所写皆为拉丁语,因为拉丁语是他们共通的唯一一种语言。其实,各国受过教育的人当时最珍视的作品是由罗马时期的古典作家所写的诗歌和历史,还有其他一些享有盛誉的权威作品,是关于神学、宗教政体和法律的,皆由拉丁语写成。这些作品的复本由修道士隐居在教堂或修道院时手抄而成,有学识的人便穷尽一生细读这些书。读书不是一位注定要登上王位的王子义不容辞的责任,但阿尔弗雷德却极其渴望能精读这些书,然而,正如他之后所言,由于那时宫廷里没人能教他拉丁语,他最终没能研读那些典籍。

阿尔弗雷德不仅像学生一样具有勤于思考的习惯,而且体格健壮,动作敏捷,身手矫健。他擅长当时的各种体育活动,打猎时技艺娴熟,英勇无畏,力量超群,尤其以此声名远扬。总之,在年幼时,他就在智力和品性方面表现出非凡的特征,正是由于这些特征,他才能在早期人类历史中脱颖而出,独占上风。

埃塞尔沃夫死后,他年轻的遗孀和自己年长儿子的不伦结合并未持续很久。英格兰人民对于这场婚姻都感到很震惊,当时德高望重的温彻斯特主教也对此严厉抗议,于是埃塞尔巴德很快就抛弃了这个妻子,并接受了主教对他的罪过所施加的严厉惩罚。茱蒂丝就这样被遗弃了,在变卖了两任丈夫分别留给她的土地和财产后不久,她便与深爱的儿子阿尔弗雷德做了最后的告别,接着就回法兰克王国了。不久以后,她就结了第三次婚,嫁给了欧洲的一位君主,他的国家位于波罗的海和莱茵河之间。此后,茱蒂丝就在有关阿尔弗雷德的历史中完全消失了。

第五章

英格兰

精彩看点

　　古代历史学家的记录——丹麦人仇恨修道院——异教徒——洗劫教堂或修道院——修女毁容——克洛兰修道院——沃什湾——弗里尔·乔利修士——抵抗丹麦人——撒克逊军队全军覆没——信使报信——送走弗里尔·乔利等人——不抵抗策略——运走金银财宝——隐藏——藏匿其他财宝——丹麦人洗劫修道院——一人幸存——丹麦人马车陷入泥潭——塔克尔溜走——返回修道院的废墟——重建修道院——埃德蒙国王殉难——丹麦人洛斯布罗克到达英格兰海岸——受到埃德蒙国王赏识——洛斯布罗克的猎鹰和猎犬——贝奥恩杀害洛斯布罗克——猎犬守尸体——洛斯布罗克的尸体被发现——贝奥恩认罪——贝奥恩被罚出海冒险——贝奥恩到达洛斯布罗克家族的领地——贝恩奥隐瞒自己的罪行——洛斯布罗克的儿子们报仇——埃德蒙被俘——辛卡尔砍掉埃德蒙的头颅——手下找到头颅——罗马教廷——凯奈姆姐姐摄政——凯奈姆被杀——白鸽传书——真相大白

第五章 英格兰

根据已有记载,我们已对小时候的阿尔弗雷德进行了尽可能详尽全面的叙述。本章中,让我们再回到丹麦人对英格兰的掠夺与征服,继续讲述英格兰的历史;此外,我们还将了解阿尔弗雷德继位的相关情况。

为了让读者对这场战争的性质有个明确、清晰的认识,我们最好详述一下古代历史学家记录的一些事件和场景。以下便是其中一个:

这里有个前提必须说明一下,即丹麦人极其敌视盎格鲁-撒克逊人的修道院和宗教机构。第一,丹麦人本身是异教徒,仇视基督教。第二,他们知道,这些地方神圣隐蔽,通常用来保管或藏匿金银财宝;除了君王们为了保证安全而存放的金银财宝外,这些地方还存放着教堂仪式上用的金银器皿;此外还有各种贵重礼物,如虔诚的圣教徒或忏悔的罪孽者陆续赠送的物品。因此,对于丹麦人来说,要是洗劫一所教堂或修道院,他们就再满意不过了。在这些洗劫掠夺中,他们残忍地对待修士和修女,爱恨交织,满足自己可怕的兽性,同时,他们把价值连城的战利品纳入囊中。有这样一个可怕的故事:丹麦人来袭时,一群修女极其恐慌,便毁了容。毁容手段极其可怕残忍,无法描述,因为这是唯一可以使她们免受敌人强暴的办法。她们听从修道院院长的建议,采取了毁容的办法,从而有效地保全了贞洁。

那时,不列颠岛上有许多著名的修道院,其中一所名为克洛兰修道院,位于林肯郡的南部边界附近,而林肯郡

图为克洛兰修道院

第五章 英格兰

地处英格兰东部。在东部海岸,有一个巨大的浅水湾,叫沃什湾,周围是一大片低洼的沼泽,这片沼泽的水排入了长长的运河中,修建在河堤上的道路横穿沼泽地。堤坝位于溪流边缘,风车源源不断地把田里的水输送到河道中,水就这样通过河道被运走了。

克洛兰修道院坐落在两条河流的交汇处。小河缓缓地流过这片平坦美丽、郁郁葱葱的土地。古老的修道院的断壁残垣现在依然屹立在原地,一堆一堆地一直延伸到沼泽,形成了一个非常有趣的废墟群。在阿尔弗雷德继位前一年,这所修道院曾光彩夺目,辉煌一时。有一次,这里集聚了两百人,这些人在一个名叫弗里尔·乔利的修士的带领下,加入了英格兰军队去抵抗丹麦人。

尽管英格兰军队在拼命扩充人数,但规模还是太小。然而,英格兰军队白天团结一致,用盾牌使自己免受敌人步兵飞箭的袭击,用长矛避免骑兵的攻击。夜晚,丹麦人退军,就好像放弃了战斗似的;但是一旦撒克逊人离开丹麦人撤退后的地方,并获得一点儿安全感,那些不依不饶的敌人便会再次返回,更加疯狂地分组攻击。撒克逊人奋力自保或逃跑,都没用。一旦同伴被杀,活着的人就站在死者的尸体堆上,稍微增加自己的高度,获得一点点优势。最终,几乎所有人都战死沙场。少数几个人逃进了附近的森林,第二天继续藏在树林里,晚上便趁着夜色赶路,奔赴修道院。他们要让修道院里那些忧心忡忡的同胞们知道,撒克逊军队全军覆没了，还要提醒他们危险已经迫在眉睫。

于是便有了下面令人胆战心惊的一幕：惊恐的信使因一路奔波，已疲惫不堪。他们在修士们做礼拜的教堂门口，气喘吁吁地讲述了发生的一切。接着，修道院里充满了惊慌的叫声和绝望的叹息。随即，修道院院长西奥多马上采取措施，应对紧急情况。他决定只把一些年迈的修士和几个孩子留在修道院，他想，这些人毫无抵抗能力，或许可以平息丹麦人的残暴行为和复仇之心。而剩下的大约三十人，几乎都在弗里尔·乔利的带领下上过战场，他们被送到船上，沿河而下。把身强力壮、精力充沛的人送走，而把年老体弱、手无缚鸡之力的人置于危险中，这个想法起初似乎很奇怪，但这些修士们心里非常清楚，所有抵抗都是徒劳的，因此，不抵抗才是最安全的。

当时，金银财宝也同这三十个人一起被运走了。他们匆忙地把所有贵重物品收拾在一起，如文物、珠宝及所有能够带走的金银餐具。恐惧中，他们尽快把它们打包妥当，装在船上。小船顺流而下，最后到达一个人迹罕至的地方，那里生活着一位隐士。所有人和财宝都交给他负责，他把人藏在灌木丛以及其他隐蔽的地方，并把财宝埋在了地下。

与此同时，船只和随行修士一离开修道院，西奥多院长和其他留下的老修士就忙着把没有运走的财宝藏了起来。由于不易挪动，当时留下的财宝包括一些不易运输的

第五章 英格兰

餐具、一张用于圣坛仪式的名贵桌子及很多件用于各类仪式的神圣、昂贵的牧师服。院长和修士们把这些东西藏在他们可以找得到的最安全的地方，然后穿上神圣的长袍，聚集在教堂，继续进行礼拜。在这样神圣的地方，进行如此神圣的活动，可能会免受任何基督教军队的侵袭；可修士们完全误解了人性中冲动的本质，竟以为这会约束身为异教徒的丹麦人。凶残的掠夺者闯入教堂圣地的第一件事，就是砍死圣坛前穿着圣袍的院长，然后屠杀了修道院里的其他人。无论他们多么虚弱无助，丹麦人一个都不放过，但最终还是有一人得以幸存。

活下来的是个十来岁的男孩，名叫塔克尔，长相英俊。在屠杀中，一个丹麦首领见他眉清目秀，面如冠玉，心生怜悯，便手下留情放了他。这位首领名叫康特·西多克。西多克带着塔克尔，离开了危险的战场，让他丢掉自己的衣服，换上丹麦人的衣服，还让他寸步不离地跟在自己身旁，如同丹麦人一般。在这种保护下，塔克尔消除了内心的恐惧，完全听从命令，到哪儿都跟着西多克，便活了下来。丹麦人杀了所有人，洗劫了修道院，甚至为了寻找隐藏的财宝，还掘开了坟墓；将修道院洗劫一空后，他们又点火烧了任何木制的建筑，然后就扬长而去，只留下尸体在巨大可怕的火葬堆上熊熊燃烧。

侵略者带着塔克尔，从克洛兰修道院继续前进，来到附近另一所大并且富有的修道院。和在克洛兰修道院一样，他们也大肆烧杀掠夺。西多克把塔克尔当作自己的随从，一路带在身边。完成第二次侵略后，他们把两次从修道院搜刮的珍宝都装进马车，一路向南前行。碰巧一些马车由西多克负责，跟在队伍后面。经过一处浅滩时，尾部一辆马车的轮子陷入了泥泞。不管拉车的马怎么努力地拉，轮子还是深陷其中。最后，马变得狂躁不安，难以驾驭。当西多克全神贯注地解决这个困难时，塔克尔趁他不注意，悄悄溜走了。他藏在附近的树林里，以他那个年龄特有的敏锐与谨慎，最终想办法回到了克洛兰修道院那片浓烟滚滚的废墟中。

先前那些离开修道院后，躲在隐士密室里的修士们在塔克尔之前也回来了，他们在浓烟四起的废墟中忙碌着，试图从大火中挽救一切可挽救的东西，并把烧焦的遗骸聚集起来安葬。他们在活着的修士中推选了一位接任被杀的院长，尽他们最大的努力修复遭破坏的建筑，悲恸地继续履行修道院的责任。

古代编年史学家所讲述的那个时期的许多故事都富有传奇色彩，令人不可思议；也许，这些故事起初就出现在对真实事件的夸夸其谈中，而后经过人们代代相传流传下来，一直到有历史学家把这些事情记录下来。埃德蒙国王殉难的故事就属于这种类型。埃德蒙是盎格鲁-撒克逊国家中东盎格利亚国的国王。东盎格利亚因征服不列颠岛上的东部地区而得名。据史料记载，丹麦人对埃德蒙国王极

图为天使为埃德蒙国王加冕

其仇视，读者从下文便可得知：

  有个胆大如斗、富于冒险的丹麦人叫洛斯布罗克，一天，他把猎鹰放在胳膊上，独自乘船航行在波罗的海，打算去某个岛上打猎。猎鹰是鹰的一种，那个时期被训练用来攻击空中的飞鸟。洛斯布罗克要打的野鸟有时会成群结队地出现在这些海岛的悬崖上或海岸上，但他还没到狩猎地点，就遇到了暴风雨，致使船无法靠岸。不过，洛斯布罗克对海陆的各种危险和不测早已习以为常，对一切紧急情况都应对自如。于是，他奋力使船顺风而行，尽快把船里的水往外舀。最后，他安全地穿越了日耳曼海，渐渐接近了英格兰的海岸，当安全着陆时，猎鹰仍站在他的胳膊上。

  他知道英格兰是自己国家和民族的仇敌，所以只能设法隐藏自己的踪迹，而不能让人发现他的到来。过了几天，当他在孤寂的森林中游荡时，却被发现了，便和猎鹰一起被押到埃德蒙国王面前。

  埃德蒙国王对洛斯布罗克的风度举止非常满意，对他到达英格兰海岸的方式感到特别惊讶，所以就饶了他一命。很快，埃德蒙国王就发现了洛斯布罗克打猎方面的丰富知识和高超技能，便让他为自己效劳，不仅对他特殊关照，还授予他高位显职。洛斯布罗克除了猎鹰，后来还养了一只对他非常忠诚的猎犬。这样一来，他和国王既能打空中的猎物，也能打陆地上的猎物。

  当时负责埃德蒙国王狩猎事宜的是贝奥恩。由于洛斯

第五章 英格兰

布罗克出众的才能和技艺及其由此而获得的荣誉，贝奥恩非常妒忌他。一天，只有他们二人带着猎犬在森林里打猎，贝奥恩便杀了洛斯布罗克，并把尸体藏在了灌木丛中。贝奥恩和他的狗回家了，但洛斯布罗克的猎犬仍伤心地守着主人的尸体。大家问贝奥恩，洛斯布罗克去哪儿了，贝奥恩说洛斯布罗克前一天就进了树林，也不知他去哪儿了。

而此时，那只猎犬仍然忠诚地守着主人的尸体，最后它饥饿难忍，不得不离开一会儿去找食物。它跑回家，取上食物后，立即返回树林中。就这样重复了几天后，它的异常行为引起了人们的注意。最后，国王的亲信便跟着它，并发现了洛斯布罗克的尸体。

贝奥恩很快就认了罪。他残忍地杀害了一个无家可归的不幸的陌生人，需要付出相应的代价。国王想到命苦的洛斯布罗克之前乘船在海上冒险，就惩罚贝奥恩乘着洛斯布罗克的船出海冒险。

果然，狂风暴雨就像计划好的那样，受到了国王扬善惩恶原则的影响，把船和恐惧中的贝奥恩带到了波罗的海入海口，就像当初把洛斯布罗克带到英格兰一样。贝奥恩的船被甩在海岸上，而这里正是洛斯布罗克家族的领地。

洛斯布罗克在他的国家地位尊贵，权势显赫。他是王室后裔，有很多朋友，两个儿子事业有成，年富力强。碰巧贝奥恩着陆的地方距离他们很近，所以他们很快就知道，父亲的船在一个撒克逊人手里，而且他已经上岸。他们立即找到了这个陌生人,质问父亲到哪儿去了。贝奥恩为了隐瞒自己的罪行,就撒了谎,说洛斯布罗克被东盎格利亚的国王埃德蒙杀死了。得知这一噩耗,洛斯布罗克的儿子们勃然大怒,便发动本国所有同胞帮他们为父亲报仇。他们齐集了一支强大的海军,向英格兰海岸展开可怕的突袭。

这个故事中的埃德蒙仁慈温良,比起战争与侵略,他对宗教更感兴趣,所以对于即将到来的可怕敌人,根本毫无防备。可事实上,他在一个叫海格尔斯顿的僻静之地避难。丹麦人在洗劫了一个城市后,抓了几个撒克逊俘虏,并逼着他们带路,最终找到了国王的藏身之处。辛卡尔是丹麦人的首领,他给埃德蒙发了一个召见令,让他投降,并交出国家的所有宝贝。埃德蒙拒绝了,接着辛卡尔包围了王宫。很快,他的军队冲了进去,杀了埃德蒙的侍从,把埃德蒙绑到辛卡尔面前。

辛卡尔决定杀掉这个不幸的俘虏。于是,他首先把埃德蒙国王绑在一棵树上鞭打,接着用箭射,据说,埃德蒙国王的身体上布满了箭头,直到没地方再能射进去为止。在这个过程中,埃德蒙国王始终呼唤着耶稣的名字,似乎在向耶稣祈求精神上的庇护和力量。这些祈祷无疑在这极端绝望的时刻给了他极大的支持和宽慰,但却让这些异教徒敌人难以缓和的怒气变得更大。他们继续向他射箭,直到他死去。之后,他们又把他的头砍下来。为了不让埃德

图为辛卡尔射死埃德蒙国王

蒙的朋友完整地埋葬他，他们就带着他的头颅离开了，到了足够远的地方后随手扔在树林边上，料想这下就不会轻易被人找到了。

然而，丹麦人一离开，埃德蒙那些惊恐的朋友和手下便慢慢地从他们隐藏的地方出来，在凶手残杀国王的地方快速地找到了国王的尸体。接着，他们拖着忧伤的步子，四处寻找国王的头颅，直至走到那片森林里才找到。据记录这个事件的史学家们说，国王的手下当时听到森林里有个声音在呼唤他们，给他们指路。他们便跟着声音，在神奇的指引之下找到了头颅，最后将头颅和身体埋在了一起①。

我们似乎很惊讶，理智的人竟会如此轻易地相信这样的故事；但世界上每个时代都存在某些与整个社会相一致的习惯与信仰。一切与我们这代人中普遍存在的信仰相协调或相类似的事物，我们都会相信。然而，如今没人会相信，一个死人的头能说话，或一只狼会改变天性去保护人头；但仍有许多人相信算命先生，或相信一个着了迷的病人能感知千里之外发生的事情。

阿尔弗雷德当政时期固然有很多迷信，但与此同时，

---

① 还有许多讲述埃德蒙国王的尸体神奇现象的故事，其中一个是，当国王的头颅被发现的时候，它在狼爪中。狼用两只爪子小心翼翼地捧着头颅，既温和又细心地呵护着，就像忠实的狗守在主人跟前一样。狼跟着送葬队伍到达墓地，看着尸体下葬后，就消失了。而头颅自己又回到埃德蒙国王的身体上，只留下一条紫线，作为身体和头分开处的标记。——原注

第五章 英格兰

也有许多真切的虔诚,虔诚与迷信密不可分地交织在一起。当时人们都是天主教徒,对罗马教廷无条件地服从。罗马教廷定期募捐以维持教皇的权力,而教徒们也把罗马看作基督教的伟大中心和最高权威。我们已经知道,撒克逊人曾在罗马建立了一所神学院,是阿尔弗雷德的父亲埃塞尔沃夫国王的杰作。之前盎格鲁-撒克逊的国王中也有一位,曾下令向本国的每户人家收取一便士,捐给罗马圣彼得大教堂的继承人,尽管这些税额看似极少,但加起来就是一笔巨大的金额,超过了英格兰国王们多年的财政收入。这种做法一直延续到亨利八世时期,当时的改革废除了这一做法,也废除了英格兰对天主教会的其他所有国家义务。

然而,在阿尔弗雷德时期,不仅有公共的法令承认教皇的至高权威,而且人们对圣母教堂怀有一股强烈的尊敬与依恋。这在当今基督教世界派别林立的状态下,对我们而言是难以想象的。当时,各地每个虔诚心灵的宗教思想和宗教情感都聚集在罗马。罗马也是见证许多奇迹的地方,这些奇迹激发了迷信之人和虔诚之士的想象力,使他们深信,有一股强大的力量在保护他们。这种力量不断变化,时而以这种方式,时而以那种方式,保护美德,惩罚罪恶,并证明了所有人——不管是邪恶之人、虔诚之士,还是中规中矩之人的行为,根据其秉性不同,都是上帝不悦或赞许的结果。

据说,有个七岁左右的孩子,名叫凯奈姆,成功继承了盎格鲁-撒克逊的王位。但由于年岁太小,不能亲政。于是他的一个姐姐摄政,一直到男孩可以亲政的年龄为止。但他的这位姐姐野心勃勃,想集所有大权于一身。于是,她就打算铲除弟弟,并派了一名杀手来执行这一任务。杀手把男孩带到森林里,杀了他,并把尸体藏在灌木丛中,这个地方在克伦特的一个奶牛牧场里。接着,他姐姐就以自己的名义执掌了王权,压制了所有关于弟弟死亡的调查;如果凶手没有奇迹般地出现在罗马,可能就永远不会被人发现。

一天,一只白鸽飞进罗马的一座教堂,在圣彼得的祭坛上留下一张字条,上面用盎格鲁-撒克逊文字写着:

在克伦特奶牛牧场,凯奈姆国王,躺在荆棘中,没有头颅。

很长一段时间,没人能看懂这些文字。直到最后有个盎格鲁-撒克逊人看到这张字条,将其翻译成拉丁文后,教皇和其他人才恍然大悟。教皇随即给英格兰王室写了一封信,后来英格兰派人搜查,找到了尸体。

为了让读者清晰地了解一些那时的观念习俗,我们已经离题太远了,所以现在必须停止漫谈,在下一章继续讲述与阿尔弗雷德继位直接相关的事情。

第六章

阿尔弗雷德继位

精彩看点

丹麦人西行——雷丁要塞——护城河——避难所——撒克逊人进攻雷丁——丹麦人加强雷丁防御工事——丹麦人遭到突袭——丹麦人落败——丹麦人突围——撒克逊人战败——两军再次开战——阿斯顿战役——两军渴望开战——战前的夜晚——阿尔弗雷德备战——埃塞尔雷德举行礼拜仪式——为保护上帝的国度而战——帐篷宗教集会——阿尔弗雷德身先士卒——阿尔弗雷德的智慧和勇气——阿尔弗雷德询问拖延原因——阿尔弗雷德占据一方高地——丹麦人发起进攻——埃塞尔雷德前去支援——丹麦人四散逃跑——撤回雷丁堡垒——撒克逊人获胜——胜仗扭转局势——取胜的不同原因——关于古战场的争议——白马纪念碑——埃塞尔雷德驾崩——阿尔弗雷德继位——丹麦人反击——再次赢得胜利——撒克逊人战败灰心——雷丁的丹麦人得到增援——两军力量悬殊——埃塞尔雷德的遗体安放——温伯恩修道院——对埃塞尔雷德死因的争议

第六章　阿尔弗雷德继位

哥哥埃塞尔雷德战死后,阿尔弗雷德继承了王位,这在第三章结束时简要提到过。当时与哥哥并肩作战的还有年轻英勇的阿尔弗雷德。在这场大战中,他们所抗击的丹麦人曾参加洛斯布罗克的儿子们所领导的远征,丹麦人摧毁修道院的恶行已在上一章讲过。不久,这群可怕的掠夺者又向西行进,恰好到达阿尔弗雷德家族统治的领土。

当时,泰晤士河畔有一座要塞,或者说是城堡,在伦敦以西约四十英里处,离埃塞尔雷德领地的边界不远,也就是英国现在的雷丁,地域宽广,人口稠密。雷丁位于泰晤士河和肯尼特河的交汇处,肯尼特河是泰晤士河的一条小支流,从南面流过来,在这里汇入泰晤士河。所以,这个地方两侧都是护城河,很容易防守。之前那里曾建有城堡,如往常一样,城堡周围也曾兴起过一座城镇。

当时,丹麦人攻占了这个堡垒,一度将此地设为大本营。这里成了丹麦人在不列颠岛上发动全面进攻的作战指挥中心，也成为他们战败被追击时撤退的避难所。有了这样一个堡垒，他们自然比以前更猖狂了。埃塞尔雷德国王下定决心要把他们驱逐出去，因此，他集结了国内所有兵力，组成一支大军，令弟弟阿尔弗雷德为副将，然后坚定地向雷丁进发。

不久，埃塞尔雷德遇到了一批正在烧杀抢掠的丹麦人。这是丹麦人的一支小分队，其主力正在雷丁加强防御工事。他们在两河之间挖了一条壕沟，将堡垒完全隔绝，无法通过两岸靠近堡垒，除非坐船或过桥。在堡垒这边，他们还用从壕沟中挖出的土建了一个堤坝，这样一来，就算敌人越过壕沟，也还得再爬上一个陡峭的斜坡才能到达；而且在紧要关头，堡垒上成列的丹麦士兵还能投枪放箭，加强防守。

因此，为了把这里建成坚不可摧的防御要塞，大部分丹麦人都在城堡内外忙碌着，但其中也有好冒险的大胆的将领，派出上文提到的小分队出去搜刮财物。埃塞尔雷德突袭了这个小分队，经过激战，小分队落败，灰溜溜地逃向雷丁。埃塞尔雷德和阿尔弗雷德紧追其后。当时很多丹麦人都在堡垒外面加固外垒，或在附近安寨扎营，在遭到突袭后，大部分人被杀，剩下的人侥幸逃脱，撤到了堡垒中。这次失败让他们近乎发狂，胸中燃起复仇之火。

撒克逊人的力量当时不够强大，还不能从丹麦人手中夺回堡垒；而丹麦人几天之后就制定出了成熟的计划，视

图为盎格鲁-撒克逊战士

死如归,不顾一切地进行突围,他们最终赢得了胜利,赶走了撒克逊人。撒克逊这边的一些重要首领战死沙场,危险迫在眉睫,整个国家万分惊恐,丹麦人很快就要完全占领这片土地。

然而,撒克逊人并不想放弃,他们调集军队,招募新兵,重新编排,准备迎接下一场战斗。同样,之前的胜利让丹麦人精神抖擞,活力焕发,形成新的战斗队列,他们离开了坚实的堡垒,行进到野外迎击敌人。两军逐渐相互逼近,准备开战。这一切都预示着一场可怕的战争,事实上应该是最后一场大战。

两军相会的地方在当时被称为"伊塞斯顿",意思是"白蜡树山丘"。那里实际是一个被白蜡树覆盖的小山坡,在那场战役之后的一千年里,这个地名变得更简短,发音更柔和,最终被称为"阿斯顿"。按照人们普遍的猜想,现在的阿斯顿就是这个古战场的所在地。

两军在傍晚时到达了交战之地,双方都渴望开战,或至少表现得跃跃欲试,但他们一直等到了天亮才行动。丹麦人将军队分为两部分,两个国王指挥一部分,一些被称为"伯爵"的首领们指挥另一部分;埃塞尔雷德国王为了迎战,也将自己的军队分为两部分,阿尔弗雷德指挥一部分,他自己指挥另一部分。一切都安排就绪后,为了应对第二天的战斗,深夜时分,士兵们都爬进简陋的帐篷休息,双方营地上的喧闹嘈杂这才平息下来。他们有

第六章 阿尔弗雷德继位

的已进入梦乡，有的在焦躁不安地守望、聊天，即将上战场的兴奋使他们毫无睡意，这种带着恐惧感的兴奋在战争前夕的军营中非常普遍。营地一整夜灯火通亮，哨兵们一直保持着警惕状态，时刻准备应对突发的紧急情况。

夜晚悄然过去，埃塞尔雷德和阿尔弗雷德都起得很早。阿尔弗雷德早早出去召集他麾下的士兵进入备战状态。而埃塞尔雷德却让人去请牧师，同时召集军官们即刻到他帐篷举行礼拜仪式，即弥撒仪式，虽然是大清早，但还是按照天主教的规定举行了仪式。阿尔弗雷德一心想要立刻采取强有力的行动，而埃塞尔雷德则认为，得先以最认真庄严的形式祈求上帝庇佑，然后再发挥人的力量，采取行动。

至少在严格忠诚地遵守宗教形式方面，埃塞尔雷德当时的这种行为似乎是继承了他父亲虔诚的精神，其虔诚的程度也远远超过了阿尔弗雷德。在当时那种情况下，虔诚地进行宗教仪式确实是有原因的，即这场战争在很大程度上被认为是一场宗教战争：丹麦人是异教徒，撒克逊人是基督教徒。因为这些残忍的侵略者非常憎恶基督之名，所以他们带兵进犯埃塞尔雷德的领地，对任何带有基督之名的建筑、机构或仪式都怀有敌意。因此，在抵抗丹麦人时，撒克逊人认为他们不仅是在为自己的生命财产而战，也是在为保护上帝的国度而战，而上帝正坐在天堂的王座上俯视他们，视他们为基督教事业的支持者，因此，上帝会在战斗中保护他们，就算他们死了，上帝也会把他们接进充满荣耀和幸福的天堂，并将他们看作是为了上帝的事业与荣耀而牺牲的烈士。

正是这个原因，埃塞尔雷德没有在黎明时出战，而是召集了所有将领在他的帐篷里举行了一场宗教集会。与此相反，阿尔弗雷德却在满怀热情、冲劲十足地动员士兵，不仅用话语鼓励他们，还给他们树立榜样，积极地做好一切必要准备，迎接即将到来的大战。

事实上，虽然阿尔弗雷德的哥哥是国王，他本人只是国王手下一名副将，但阿尔弗雷德精力超群，意志坚定，足智多谋，早已习惯在战斗中身先士卒。他的哥哥们虽然一个接一个地执起了权杖，但要保住手中的权杖，主要还得靠弟弟阿尔弗雷德的智慧和勇气。埃塞尔雷德知道一部分军队由阿尔弗雷德统帅指挥，所以才能安心地在帐篷里听牧师做祷告。

阿尔弗雷德的营地离埃塞尔雷德的很近。对于埃塞尔雷德的拖延，阿尔弗雷德很不耐烦，所以前去询问拖延的原因，结果得知埃塞尔雷德国王正在做弥撒，说仪式结束之后才能离开帐篷。与此同时，阿尔弗雷德占据了一方高地，那里只长着一棵荆棘树，这个地点可以让他在战斗中占据优势。丹麦人首先向他发起进攻，认为阿尔弗雷德得不到埃塞尔雷德军队的配合，就能轻易地打败他并把他从高地上赶走。

第六章 阿尔弗雷德继位

埃塞尔雷德的拖延使阿尔弗雷德焦躁不安，但他依旧坚定、勇敢地战斗着。那棵荆棘树一直是战场的中心，随着早晨的来临，胜败愈加难以预料。这时，埃塞尔雷德终于完成了弥撒仪式，便立即率兵前去支援岌岌可危的弟弟。这很快就决定了战局，丹麦人大败并开始溃逃。撒克逊人乘胜追击，决意要报仇。一开始，丹麦人四散逃跑，各跑各的，所有分散的队伍慌不择路，只要是能逃过追击的地方他们都去，但随后不久，他们都共同踏上了回雷丁堡垒的路。阿尔弗雷德和埃塞尔雷德的军队对他们展开了疯狂的追杀，大量的丹麦士兵倒下了，剩下的残兵败将成功地撤退到堡垒里面，开始尽心竭力地修筑防御工事。

这场胜仗扭转了当时的局势，在很多方面充当了若干大事的引子，比如，阿尔弗雷德不久即登上王位，就多少托了这场胜仗的福，这是诸多大事中最重要的一件，也是我们即将要看到事情。对于获胜的原因，或者说取得成功的方式，不同时代的作家，因性格不同描述也就各异。有些人认为，取胜是得益于面对困难时对上帝的默默信仰；而有些人则认为，胜利是由人自身强大的力量和坚定的意志决定的。在荆棘树战场上，阿尔弗雷德义无反顾地猛烈攻击手持刀枪剑戟的异教徒，以寻求胜利；而埃塞尔雷德却在帐篷里祈祷，希望可以获得上帝的坚实庇佑。这场胜利到底该归功于谁，写书的人意见不同，读书的人也意见各异。有人说，阿尔弗雷德用他的利剑赢得了胜利，也有人说他的英勇善战毫无作用,战败之际,是埃塞尔雷德救了他,也给他带去了上帝的福祉。

事实上,对这些古代故事的讲述,如今在古代编年史记载中都可找到,但记载内容也有很大区别,不仅对事件所持的观点不一,看问题的角度不同,而且在事实方面也千差万别。甚至是这次大战的地点,尽管我们之前说过是从伊塞斯顿演变为阿斯顿,也都不是百分百确定的。阿斯顿附近有一个叫阿什伯里的地方,自豪地宣称这里才是名副其实的古战场,因为这里有座古纪念碑的遗迹。据说,修建这个纪念碑的目的是纪念阿尔弗雷德杀死丹麦首领的功绩。附近还有一个奇特的纪念碑,名为"白马",也是为纪念阿尔弗雷德的胜利而造的。"白马"是一个天然的马形纪念碑,是一座小山丘陡坡的草皮去除后形成的,这样一来陡坡下面的白垩岩就露了出来,呈现出一匹马的形象,但是看过的人都觉得它像一只狗。然而,"白马"这个名字古已有之,纪念碑所在的那座小山被称为"白马山"。一些有创造力的古文物研究者认为他们找到了证据,能证明这个巨大的白马是为了纪念阿尔弗雷德和埃塞尔雷德在古战场上战胜丹麦人的事迹。

不论是哪种情况,也不论我们怎样看待这场胜仗中阿尔弗雷德的英勇善战和埃塞尔雷德的虔诚信仰,战胜丹麦人这一结果对所有人都具有重大意义。埃塞尔雷德在这场大战或随后的一些小战中受了伤,逐渐变得羸弱不堪,

图为一幅雕版画,战斗中的阿尔弗雷德大帝

过了几个月就去世了。由于阿尔弗雷德在战场上的英勇表现，也由于他在埃塞尔雷德身体每况愈下时推进后续作战中所表现出的魄力与坚定，引起了臣民们的关注。埃塞尔雷德已将不久于人世，臣民们都视阿尔弗雷德为王位的继承者。阿尔弗雷德哥哥们的孩子还在世，根据当时的继承规则，他们才是名正言顺的继承人。然而，臣民们都认为，国难当头之际，让任何孩子继承王位，都是荒谬的，何况雷丁的堡垒里还驻守着虎视眈眈的丹麦人，他们每天都盼着来自本土的增援。此时，幼王的登基意味着在他未成人之前，摄政权会落到某位强大的好友或亲戚手中，王国将会长期陷入黑暗的摄政时代，从此国家将无宁日。因此，国人把目光转向了阿尔弗雷德，埃塞尔雷德一咽气，他们就让阿尔弗雷德继承王位。

与此同时，丹麦人根本没有被不利局势所困，相反，他们在堡垒中增强自己的力量，从堑壕处奋力突围，并抓住每个机会进行攻击，致使撒克逊人一直处于惊恐之中。当时，撒克逊人的国王和名义上的领袖——埃塞尔雷德，比起从前已经无力上战场迎敌。最终，丹麦人大量招募兵力，恐吓撒克逊人，并再次赢得了战斗。随后，双方进行了一系列激战。尽管撒克逊编年史家在述说这些事件时都不愿承认撒克逊人在这几场战役中失败的事实，但他们却承认，丹麦人一直据守着所占领的地方，撒克逊人灰心丧气，被迫背井离乡。

第六章 阿尔弗雷德继位

同时,一批批的丹麦人不断抵达海岸,一边到处烧杀抢掠,一边增援驻扎在雷丁的丹麦人。于是,雷丁的丹麦人和埃塞尔雷德的军队之间的实力变得更加悬殊了。阿尔弗雷德全力作战,想要扭转接二连三的败势,但一切都是徒劳,因为只凭他一人的力量太有限了,同时,他的统帅权也名不正言不顺。或许是因为王国此刻水深火热的处境使人心力交瘁,埃塞尔雷德倒下了,挣扎了一段时间后就离世了,大家一致同意让阿尔弗雷德继位,这一年是公元871年。

此时,埃塞尔雷德的遗体放在何处才算安全,成了一个大问题。他作为一个与异教徒战斗时牺牲的基督徒,应被视为烈士。为了保卫基督教信仰,他献出了自己的生命,人们应该永远将他铭记于心。他们非常清楚,埃塞尔雷德的尸体必须要安置在一个让那些穷凶极恶的掠夺者找不到的地方,否则敌人找到他的尸体,就会进行报复。当时确实有个地方可供选择,远在英格兰南部海岸上多塞特郡的温伯恩,有个修道院,是个非常神圣的地方,堪称王家墓园。那个地方至今都很神圣,在古老修道院所在地,现在还能看到一座大教堂,里面放满了从前的纪念碑。教堂里建筑之庄严、宏伟,令所有参观者终生难忘。所以,他们将埃塞尔雷德的尸体送到那里进行了安葬。那是一个神圣的地方,庄严肃静,任何对基督徒有敌意的人都不敢去打扰。就算是亵渎神明的丹麦异教徒找到尸体,也会对它心存敬意；但实际上，他们并没有找到，所以埃塞尔雷德的尸体一直都未受到侵扰，几百年后，来过这里的游客共同见证了这个事实，正如一个纪念碑上的铭文所示：

此地安葬着埃塞尔雷德，西撒克逊国王[①]，烈士，871年死于异教徒丹麦人之手。

以上就是对埃塞尔雷德之死的普遍说法。但也有一些现代的历史学家，具有批判精神，对大部分古代记载持怀疑观点，试图证明埃塞尔雷德之死与丹麦人无关，而真正的死因是瘟疫，当时这种可怕的疾病的确流行于英格兰的西撒克逊，但无论如何，他还是死了，他的弟弟阿尔弗雷德继承了王位。

[①] 即当时英格兰的韦塞克斯王国。——译者注

第七章

屡战屡败

精彩看点

继承权——竞争对手——在温彻斯特加冕为王——基督教中心——国家满目疮痍——撒克逊军队战败——威尔顿战役——与胡巴达成协议——不干预政策——丹麦人撤离韦塞克斯——麦西亚遭到进攻——布斯瑞德收买丹麦人——布斯瑞德逃往罗马——摧毁墓地——丹麦人的傀儡国王——另一群丹麦人到来——韦勒姆城堡失守——丹麦人突袭骑兵——埃克塞特失守——阿尔弗雷德寻欢作乐——备受指责——不幸和灾难——夸大过错——圣尼奥特训斥阿尔弗雷德——赎罪——犯错是人生常态——阿尔弗雷德幡然醒悟——阿尔弗雷德演讲——采取应急措施——组建舰队——造船——招募船员——英国海军起源——首次出海成功——俘获敌方战舰——新的战争——报复——临时协议——向臂镯发誓——基督教宣誓——与丹麦首领交锋——首领罗洛前往法兰克王国——梦见蜜蜂——在诺曼底地区建立王国——阿尔弗雷德的国力衰弱——陷入贫困与危难

第七章 屡战屡败

历史学家认为,阿尔弗雷德在接到哥哥埃塞尔雷德驾崩的消息后,并不愿意继承王位。因为阿尔弗雷德的哥哥们都留下了拥有王位继承权的子嗣,如果当时王位值得争取,那这些子嗣比他们的叔叔更有资格继承。如果当时他们中有一位野心勃勃的继承者,那他就是阿尔弗雷德的竞争对手,理论上很可能拥有比阿尔弗雷德更多的支持。因为世袭继承权如同流水一般,只要能持续流下去,就从不流向旁支,所以长子的儿子总是比长子的兄弟优先拥有继承权。

然而,韦塞克斯是由阿尔弗雷德的祖辈们传承下来的一个王国,国内的贵族、部落首领以及所有的领导势力都一致主张阿尔弗雷德继承王位。阿尔弗雷德的父亲的确曾在遗嘱里指定他为长兄之后的王位继承者,但后继者按照遗嘱该如何妥善处理国家事务,我们并不清楚。阿尔弗雷德最终还是屈从了这些请求,决定继承王位。他首先去英格兰南部的温博恩参加王兄的葬礼。接着，又去同在南部的温彻斯特加冕为王。早期的温彻斯特是一个重要的基督教中心，曾一度是西撒克逊王国的首都，阿尔弗雷德就在这个神圣之地接受了最为隆重庄严的加冕。被当时的宗教机构奉为神址的地方，至今依然完整保存着神圣的气息，这非常难得。如今的温彻斯特因其大教堂和庞大的宗教组织而享誉英格兰，这些宗教组织的年收入和支出远远超过美国的很多州。多年来，温彻斯特大主教一人的收入是美国总统薪酬的两倍，他极其富有，在教会的权力很大，还负责管理闻名遐迩的富裕的教会学校。他在整个英格兰负有盛名。

阿尔弗雷德在温彻斯特完成加冕仪式后，就立即召集兵力，赶赴沙场，再战丹麦人。可他发现国家已经满目疮痍，丹麦人已经攻占了许多城池，增强了力量。他们并不满足于劫掠城堡和修道院，似乎要在阿尔弗雷德刚掌权的王国永久居留。撒克逊军队已经被丹麦人打得军心涣散，心灰意冷，似乎无法再给凶残的敌人迎头一击；而且撒克逊军队战败了，那些残忍的丹麦征服者也不会因胜利而收手，施以仁慈。就算撒克逊军队赢了，也只是一时的局部胜利，因为他们只能抵挡住一批丹麦人的进攻，却无法抵挡更多丹麦人接踵而至的攻击，而这些进攻比之前的更迅速、更坚决、更残忍。

然而，受性格的影响，阿尔弗雷德积极高效地利用一

图为手握权杖的阿尔弗雷德

切资源，成功地集中了剩余兵力，筹划着一场新的战斗。第一场战役在威尔顿打响，当时阿尔弗雷德继位还不到一个月。这场战役打得非常艰难，双方僵持不下。阿尔弗雷德的军队在首次进攻中占了上风，很有可能赢得胜利，但最终还是丹麦人获胜，阿尔弗雷德及其军队被赶出了战场。双方损失惨重，实际上，双方军队当时都元气大伤，似乎都不敢再进行一场大战。于是，双方没有再战，而是进行了谈判。最后，丹麦首领胡巴与阿尔弗雷德达成了一项协议。胡巴同意从阿尔弗雷德的领土撤出，只要阿尔弗雷德不干预他在英格兰其他地区的战争，他就不会再侵扰阿尔弗雷德的领土。英格兰地区除了有阿尔弗雷德统治的韦塞克斯王国外，还有埃塞克斯王国、麦西亚王国和诺森伯兰王国。胡巴和手下认为，阿尔弗雷德是个非常可怕的对手，很难征服。所以，如果阿尔弗雷德不插手他们对其他三个王国的侵袭，那么放弃四个王国中的一个是当时最明智的选择。丹麦人根据协议，进行了撤离，腾空了他们在韦塞克斯王国的岗哨和堡垒，接着沿泰晤士河南下，来到麦西亚王国的伦敦。在这里，没有劲敌阻挠，他们便开始了新的征服和掠夺。

　　布斯瑞德是麦西亚的国王，面对胡巴的丹麦大军，他无力阻挡，独木难支，同时没有得到阿尔弗雷德的援助。而阿尔弗雷德为了保全自身及其王国，就舍弃了撒克逊王国的盟友。因此，他不仅遭到当时人们的谴责，也备受后

第七章 屡战屡败

人指责。他与野蛮无情的异教徒和平共处，让他们任意践踏邻国的基督教同胞，这种做法至少是卑鄙狭隘的。但是，那些为阿尔弗雷德辩解的人认为，维护本国的和平安定本身就是国王的职责，而邻国的安危只能靠它们自己。如果仅仅为了荣耀，而牺牲本国人民的生命财产，那就大错特错了，此外，保卫邻国也不在他的权利范围内。

无论如何，布斯瑞德知道他无法得到阿尔弗雷德的援助，同时他无力独自抵挡敌人，保护自己的王国。于是，他也试着和丹麦人谈判，最终成功地用金钱收买了丹麦人。他给了丹麦人一大笔钱，条件是丹麦人完全撤离麦西亚，永远不再侵犯。但这种做法往往是下策，收买强盗、乞丐、虚伪的指控者或形形色色的压迫者，只会让他们卷土重来，变本加厉；过上一段时间，他们会找一些无中生有的借口，提出新要求，压榨更多钱。至少，布斯瑞德发现丹麦人就是这样的。胡巴暂且去了北部的诺森伯兰王国，烧杀抢掠后，又回到了麦西亚，借口说诺森伯兰粮草不足，他不得不回来。布斯瑞德又花了大笔钱收买胡巴，但胡巴这次几乎没有离开麦西亚，而是用这笔勒索来的钱寻欢作乐，接着又像之前一样抢劫掠夺。布斯瑞德最终彻底绝望了，他看不到麦西亚免受丹麦人侵扰的希望，便抛下了王国，逃往罗马。罗马视他为流亡的国王，不久他就在罗马的撒克逊人的学校郁郁而终。

丹麦人不仅扫除了布斯瑞德政府的残存势力，还摧毁了麦西亚的王家陵墓，陵墓非常著名，是历代麦西亚国王的安息之所。丹麦人视摧毁墓地的行为为消遣。这是一种野蛮的消遣，与活人对抗时那种危险的刺激完全不同。布斯瑞德政府里有个叫斯欧沃夫的官员，尽管他是撒克逊人，但出于对权力地位的渴望，他愿意当丹麦人的傀儡国王，每年向丹麦人进贡，任其宰割，而对麦西亚人民却施以暴政。麦西亚人民把他当作卖国贼，对他深恶痛绝。

与此同时，一位名叫哈芬登的丹麦首领带着一支大舰队，率领另一群丹麦人登上了英格兰海岸。接着，他们在英格兰到处掠夺，并开始觊觎阿尔弗雷德的领土。阿尔弗雷德起初并未特别关注哈芬登的行动，因为他认为，他和胡巴达成的协议对所有丹麦人都具有约束力，无论丹麦人对其他撒克逊国家做了什么，都不会侵略他的王国。阿尔弗雷德在不列颠岛南岸的韦勒姆有个非常知名的城堡，位于如今英国多塞特郡的一个海湾，是韦塞克斯王国最坚固的堡垒。虽然这里驻有军队，但缺乏特殊防御，因为没人觉得这里会受到攻击。哈芬登将舰队带到岛的南岸，组建了一支远征军后，就扬帆起航了；在撒克逊人起疑前，他已率先进入海湾，突袭占领了韦勒姆城堡。对于韦勒姆城堡的失守，阿尔弗雷德及其臣民非常震惊，对丹麦人背信弃义的行为感到非常愤慨。然而，哈芬登却声称，他是一个以个人名义行动的独立首领，并不受胡巴所签订条约的约束。

第七章 屡战屡败

然后就是接二连三的交战与停战。期间，战局瞬息万变，难以预测，有时双方停战，看似相安无事，但却更加危险。总体来讲，没有任何一方取得决定性胜利。一次，丹麦人同意停战，但突然又向阿尔弗雷德的一队骑兵发起攻击。当时，这队骑兵以为双方在休战，于是毫无戒备地在乡间游荡。结果，丹麦人赶走了骑兵，缴获了马匹，获得了骑兵的装备。显然，无论丹麦人建造怎样的船只，都很难带着马匹穿越日耳曼海。没等阿尔弗雷德从这次突如其来的袭击中缓过神来，全副武装的丹麦军队就已快马加鞭，沿着英格兰南部海岸，赶到了埃克塞特镇。当时，埃克塞特镇叫埃克朗赛斯特。古往今来，它一直是个重镇。查理二世的母亲亨丽埃塔·玛利亚王后曾在这里避难，度过了一段苦难的时期，该镇因此出名。埃克塞特的失守意味着整个南部海岸都落入敌手，一团乌云笼罩在阿尔弗雷德的国家上空，似乎预示着整个国家都将遭受一段毫无希望、无可挽回的深重苦难。

对当时故事的讲述不仅有种种明确的表述，也有各种影射，从中似乎可以看出，阿尔弗雷德的统治早期并未赢得臣民的尊重与爱戴。他的臣民要么指责他，要么背后议论他，说他犯的那些错误众所周知，疏远了与臣民的感情，就等着让上帝对这些灾难进行审判。那时的阿尔弗雷德年轻热情，鲁莽急躁，得意于自己的王位；他与丹麦人首领胡巴签订了休战协议，使国家获得了短暂和平；期间，他寻欢作乐，沉迷于声色犬马，不可自拔。此外，人们还指责他统治残暴，为满足私欲大肆放纵，置国家利益于不顾，常常牺牲人民的幸福，以专制的方式实施王权。

回顾往昔，阿尔弗雷德执政早期，遭遇了诸多不幸和灾难。人们对他的指责到底在多大程度上受到了这些灾难的影响，我们很难断定。一方面，像他这样的年轻人，热血沸腾，冲动鲁莽，年纪轻轻就突然继承了王位，所以要是犯些错误，也不足为奇。但从另一方面看，在任何历史时期，尤其在那些野蛮未开化的时代，人们往往用唯一的成功标准去评价军事和政治功绩。因此，尽管阿尔弗雷德拼尽全力，避免一系列灾难，但灾难还是接连不断地发生，当臣民们发现阿尔弗雷德接二连三地打败仗，无法保卫国家时，他们就把他的过错夸大，并且把国家的所有不幸都归咎于这些过错。

阿尔弗雷德有个亲戚，叫圣尼奥特，担任他的宗教顾问，关于圣尼奥特的生平事迹，我们可以从克洛兰修道院编写的书中找到。丹麦人摧毁该修道院的内容，已在前面讲过。据书中的记载，圣尼奥特经常十分严厉地批评阿尔弗雷德充满罪恶的生活，告诫他如果不改正，将会导致致命的后果。他的言辞非常犀利，只有当人的怠慢疏忽和品行不端达到某个程度时，他才会那样说。一天，圣尼奥特对阿尔弗雷德说："你虽以权力和尊严为豪，但你一意孤行，顽固不化，作恶多端，必遭报应。我恳求你接受我的

图为身着戎装的阿尔弗雷德大帝

建议，改邪归正，以温和正义治理国家，不要用暴政去压迫臣民；如果你现在醒悟，努力改正，还来得及避免上帝对你的惩罚。"

很显然，这样的批评只有当阿尔弗雷德完全将责任抛诸脑后、严重失职时，才有存在的必要；但不管他之前有何过失，他的罪过都因之后的一切遭遇而受到了惩罚；同时，他自己也聪慧谨慎，对国家竭尽忠诚，殚精竭虑，以此进行赎罪。最后，人们也就忽略了他早年犯的那些错误，没有过度追究。即使是最高尚的人，在人生的某个阶段，或性格的某些方面，都会因意志薄弱而畏缩不前，也会因过失过错而误入歧途。这就是人性。我们总想着会有例外情况出现，也喜欢在我们敬佩的朋友和历史人物中找到十全十美道德楷模，但实际上，世界上的所有人毫无例外地都会在某些时候、某些方面犯错。因此，犯错是人生中的常态，非常普遍，不可避免。

在哈芬登及其部下攻下韦勒姆城堡和埃克塞特镇时，阿尔弗雷德已继位多年；期间他玩忽职守，但现在危险迫在眉睫，不仅威胁到臣民安危，也威胁到王国命运，甚至他自己的生命安全，就像麦西亚国王布斯瑞德，被侵略者赶出了领土，悲惨地死在流亡罗马的途中。于是，阿尔弗雷德幡然醒悟，下定决心要在臣民中重拾已失的影响力，修复疏远的君民关系。

首先，他召集了国家中出类拔萃的首领和贵族。他多

第七章 屡战屡败

次发表演讲,强调危险迫在眉睫,举国上下受到威胁,要求大家团结一致,共抗大敌。他还说,要成功渡过当下难关,大家必须得牺牲自己舒适惬意的生活和财富。他号召大家奔赴战场,为战争捐献必要的物资。阿尔弗雷德的演讲充满激情,向人们展现了他的决心。显然,这一举动奏效了,全国上下备受鼓舞,坚信国家将获救。

在阿尔弗雷德采取的应急措施中,其中一项是组建一支舰队。有传言称,新的丹麦入侵者正在路上,沿着南部海岸航行,要与先前抵达不列颠岛的丹麦人会合,而阿尔弗雷德组建舰队就是为了出海,并在海上迎击这些新来的丹麦人。组建海军最大的困难在于缺乏水兵。相比而言,造船比训练水兵容易多了。为了给他的舰队配置水兵,阿尔弗雷德不得不在海港招募一些半野蛮的外国人,甚至是所谓的海盗。为了吸引他们加入海军,阿尔弗雷德许诺把从敌人手中夺到的一切作为报酬赐给他们。阿尔弗雷德组建舰队的举措是

一幅关于丹麦人入侵英格兰的图画

当今英国庞大海军的起源。当舰队出海时，人们纷纷涌向海岸，好奇地望着舰队远去，热切地盼望着这支装备充足的舰队能胜利凯旋。

事实上，阿尔弗雷德舰队的首次出海获得了成功。他率领的舰队在英吉利海峡与丹麦舰队相遇，击败了他们。此外，他的舰队还俘获了敌方舰队中最大的战舰，并将战舰上所有船员和士兵扔进了海里。在今天看来，这种行为惨无人道，不可饶恕。

然而，阿尔弗雷德并没有取得决定性的最终胜利。敌人数量庞大，分散广泛，在岛上各处的据点稳固，占据某些地方多年。随着时间流逝，双方一次次开战，接着签订和平条约，订立盟誓，交换人质，但是短暂休整后，又开始了新的战争，于是，双方就互相指责对方背信弃义。不幸的人质被一方无情杀害，接着另一方又开始报复。

在这些迷惑人的临时协议中，阿尔弗雷德试图在其中一个协议里利用基督教宣誓来约束丹麦人的行为。当丹麦人希望履行某个庄严的宗教义务时，他们约束自己的习惯做法是向手臂上佩戴的饰品发誓。在当时的历史记载中，该饰品称作"臂镯"。对于臂镯的具体样式，我们现在无法得知，但很显然，丹麦人在臂镯中寄托了某种信仰和偶像崇拜式的神圣感情，向臂镯发誓就是让自己受到最庄严义务的约束。然而，阿尔弗雷德对这种异教徒的约束方式并不满意，在签订条约时，他让丹麦人对着基督徒的遗物

第七章 屡战屡败

发誓，遗物一般是救世主的十字架；或者让他们对着奇迹般地保存完好的圣徒遗体发誓。当时那些虔诚的基督徒对这些遗物或遗体无比敬畏，其迷信程度几乎不亚于异教徒敌人对臂镯的迷信。丹麦人虽然对着他们尊敬的东西发了誓，但还会轻易违约，所以阿尔弗雷德根本不可能相信新誓约会对他们有约束力。或许，阿尔弗雷德当时想，虽然丹麦人可能照样不遵守新誓约，但如果他们违背了新誓约，那就是一种罪恶，会遭到上帝的严厉责罚，而他的统治基础却会因此得到巩固。

在阿尔弗雷德统治早期，他一直与丹麦首领交锋。在众多丹麦首领中，有位叫罗洛的声名显赫的大英雄。他率领一群野蛮的丹麦人入侵英格兰，但这群丹麦人追随他的时间不长。不久，他就离开了英格兰，前往法兰克王国。后来，他凭借杰出的才能和英勇事迹闻名法兰克王国。据撒克逊历史学家说，罗洛之所以撤离英格兰，是因为阿尔弗雷德对他的盛情和礼遇感动了他。不过，罗

罗洛的的雕像，位于法国诺曼底地区

洛谈及此事时却说道,一天,当他对接下来的计划犹豫不决时做了个梦,他梦见一大群蜜蜂朝南飞去。他认为这是一个征兆,暗示了他应该去往的方向。于是,他就和手下一同登船,穿过英吉利海峡,一路向南,成功抵达法兰克王国西北部的诺曼底地区。在诺曼底,他建立了王国。如果在英格兰,面对阿尔弗雷德或想到梦中的蜜蜂,他就无法建立王国。

然而,阿尔弗雷德彻底击败丹麦首领的次数屈指可数,将他们逐出英格兰的情况也鲜有发生。几年后,阿尔弗雷德发现军队规模不断缩小,国力日渐衰弱,资源消耗殆尽,朋友不见踪影,城镇堡垒接连被侵略者攻占。登基第八年,阿尔弗雷德陷入了前所未有的贫困与危难中。

第八章

逃亡

精彩看点

新情况——希望破灭——另一批丹麦人到来——阿尔弗雷德失去威望——纷纷出逃——阿尔弗雷德孤身一人——自保——到达阿塞尔内——牧牛人——沼泽地——牧牛人收留阿尔弗雷德——询问身份——保守身份的秘密——阿尔弗雷德烤焦饼——牧牛人的妻子——阿尔弗雷德对农活儿没兴趣——策划宏伟蓝图——妇人的责备——扩大阿尔弗雷德的名声——磨难考验——性格大变——与朋友重逢——消息传播开——迁移——与家人团聚——牧牛人筹集物资——物资匮乏——打渔期间的故事——乞丐讨食——仅剩的一条面包——五饼二鱼——半条面包——做梦——上帝的启示——重返王位——满载而归——信心倍增——制订计划——另外一件事

第八章 逃亡

虽然一波波的灾难慢慢击垮了这个国家,但阿尔弗雷德并没有万念俱灰,而是继续苦苦挣扎,尽管这种挣扎既漫长又无望。所谓否极泰来,绝处逢生,阿尔弗雷德或许可以力挽狂澜,从危难中挽救国家,但当时又发生了新情况,于是,所有的希望立即破灭,而他也走向了失败。

这个所谓的新情况就是,另一批丹麦人来到了英格兰,并且数量比之前的都多,行为更残忍、更贪婪。撒克逊的其他王国早已被大肆劫掠,变得满目疮痍,因此阿尔弗雷德统治下的韦塞克斯便成为丹麦人眼里的好去处。这些强盗劫掠了不列颠岛其他地区后,接着便像洪水一般席卷了韦塞克斯边界。所有抵抗的希望似乎都已破灭,分崩离析的撒克逊军队让阿尔弗雷德失去了威望,各路首领和贵族纷纷出逃,有的结伙逃离了韦塞克斯,有的藏匿在最好的堡垒。阿尔弗雷德也被迫逃亡,而随他一起逃亡的手下,要么忠诚无比,要么毫无信心,他们追随阿尔雷德只是为了自保。然而，这些人最后还是逐渐离开了，几乎只剩下阿尔弗雷德一人。

可事实上，阿尔弗雷德面对这种境况长舒了一口气，因为他留在身边的人最终非但不能保护他，反倒会成为累赘；他们中能战斗的人屈指可数，但要藏匿起来，人数又显得太多。在当时那种情况下，自保是明智的选择，所以阿尔弗雷德能够抽身而出简直是不幸中的万幸。他在二十岁左右时娶过妻，但这时他并没有和妻子在一起，尽管她随后找到了阿尔弗雷德。她当时逃到了别处，事实上，她比自己的丈夫更容易藏身；对丹麦人来说，尽管他们可以毫无疑问地将她视为重要俘虏，但他们更愿意长期提高警惕，去搜寻他们的劲敌——阿尔弗雷德，这位窘迫交加、出逃在外的敌人。

因此，阿尔弗雷德摆脱了所有人，身边只有一两个值得信任的忠诚伙伴。之后，他向西而去，穿越了森林和荒野，尽可能远离追踪他的敌人，最后到达韦塞克斯偏远的西部边境，这里有个地方叫阿塞尔内，由于曾是阿尔弗雷德的退避之所而千古留名。然而，在当时这里只是位于沼泽中的一小块陆地罢了，杂草在树间丛生，一位普通的牧牛人曾在这里搭了个茅屋。

被牧牛人自称为农场的陆地只有两英亩大，四周是大片黑沼泽，桤木遍布，树间莎草如荫，溪流蜿蜒淌过，覆满苔藓的青葱草木四散在泥塘沼泽边。在夏季最干旱

图为流亡中的阿尔弗雷德

的时节，成群的山羊绵羊就到这些隐秘的地方去乘凉。除了牧牛人去小岛所走的那条蜿蜒小路，其他地方几乎无法通行。

然而，这种在任何情况下都会让漂泊者望而却步的艰难险阻，却引起了阿尔弗雷德的兴趣。错综复杂的沼泽地有望阻碍或威慑追兵，于是他欣然前往，走到了牧牛人的茅屋前，请求牧牛人收留他。住在荒野的人总是很热情好客，于是牧牛人把这个疲惫不堪、亡命天涯的逃难者迎进了门，给了他食物和居所。阿尔弗雷德在这里待了很久。

数天之后，牧牛人问他到底是谁，为何穷困潦倒、到处逃亡。阿尔弗雷德说自己是国王的一位大乡绅[①]。在撒克逊的王国中，乡绅属于某种首领。他还解释说，丹麦人击败了阿尔弗雷德的军队，他和其他将军只好被迫远逃他乡。阿尔弗雷德恳求牧牛人把他藏起来，并在扭转局势前，替他保守身份的秘密，那样他才会东山再起。

阿尔弗雷德在阿塞尔内藏身的故事，在不同的叙述者口中，有不同的版本，其中有些讲述甚至相互矛盾。但不论在其他方面如何不同，所有这些故事中都有阿尔弗雷德烤焦饼的内容。看来牧牛人并不把阿尔弗雷德当作权贵，甚至不知道他就是国王。牧牛人的妻子对这一秘密也毫不知情，她把阿尔弗雷德当作来串门的普通乡下人。于是，

---

① 介于伯爵和自由民之间的贵族，以服兵役而取得国王或封建主的土地。——译者注

第八章 逃亡

牧牛人开始使唤阿尔弗雷德，不时让他干各种农活和家务。但阿尔弗雷德对这些活儿没有兴趣，他反复回想着自己的不幸和降临在王国的灾难。由于无法获得任何关于敌友动态的确切情报，他一直都很担忧，反复掂量着未成形的计划，以恢复军队，重夺疆土；为了实现这些目标，他绞尽脑汁地想办法，以致身心疲惫，却毫无结果。只要是遇上阿尔弗雷德自愿干的活儿，无论何时他都能边想着这些计划，边干着活儿。他能整理和维修打猎工具，或是干些其他任何能与战争扯上边的活儿。他还能在壁炉一角制作弓箭，但他要么一直沉浸在忧郁的遐想中，要么策划着将来的宏伟蓝图。

一天晚上，他正在干活，牧牛人的妻子在准备晚餐。这时，她要出去一会儿，就让阿尔弗雷德看着在大石炉上烤着的饼子。不出所料，阿尔弗雷德把饼子烤焦了。牧牛人的妻子回来后，看见饼子在冒烟，非常生气。她对阿尔弗雷德说，每次饼子烤好时他光知道赶紧吃，但帮她烤饼时，却这么没用。有时最微不足道的事情却能产生深远的影响！这位隐瞒身份的国王所经历的奇特冒险之旅，以及妇人声色俱厉地责备他的唐突言语，都让这个故事充满了趣味，使它在民间广为流传。在过去数千年间，无数听过阿尔弗雷德名字的人，都只知道他烤焦了饼子的故事；要不是这个故事，也许人们很少听说阿尔弗雷德这个名字了。同时，正是由于这个故事，人们才开始研究他的生平。所以，在扩大阿尔弗雷德的名声方面，牧牛人妻子因饼子被烤焦而责骂这位隐瞒身份的国王的无心之举，大概比阿尔弗雷德本人所做的努力起的作用还要大[①]。

经历了不幸与灾难后，阿尔弗雷德有段时间情绪极度低落。修道士作家们曾经写过阿尔弗雷德的生平，他们认为这些遭遇对他本人而言是非常有益的，使他的脾气变得温和。他过去骄傲自大，盛气凌人，现在变得温和谦恭，体贴周到。表面的性格缺陷是由环境压力与特殊诱导所致，不是与生俱来的，很容易在苦难之火中化为灰烬。然而，内在的性格缺陷则是与生俱来的，在同样严峻的磨难考验下，这种人会变得无可救药。

尽管阿尔弗雷德在这种无望的逃亡中焦躁不安，凄惨可怜，但他却以极大的耐心和不屈不挠的勇气忍受着困顿，筹划着如何重组四散溃逃的军队，如何拯救已经灭亡的国家。他的几位朋友作为逃亡者，也像他一样在全国到处流浪，最后碰巧走到了他的避难地附近。阿尔弗雷德听说后，就小心谨慎地让朋友们知道了他的藏身之地。能够与国王重逢，他们非常欣喜。当时这个地方没有丹麦军队，起初他们在附近行动时虽不害怕，但还是畏首畏尾，直到确定

[①] 这个故事非常著名，要是细读现存古籍中对此事的不同叙述，读者便能一乐。这些故事最先是用拉丁语和撒克逊语写的，本书中这里所呈现的故事当然是翻译过来的。读者在这些细节叙述中发现的差异更好地表明，远古史料记载具有不确定性。——原注

图为阿尔弗雷德烤焦饼,被农妇责备

这里不会受到侵扰后，他们才放开了胆量，开始把这里当作大本营。阿尔弗雷德也不再伪装，现出自己的真面目。阿尔弗雷德被发现的消息在他最忠实可靠的撒克逊属下中秘密地传播开来，他们之前一直在其他地方避难。一开始，他们很谨慎地秘密赶往阿塞尔内，但后来，他们就公开成群结队地往这里迁移。与阿尔弗雷德分离数月的家人也设法和他重聚。那位牧牛人不愧是一位睿智勇敢的人，他全身心地参与到这些迁移中，一直严守秘密，全力提供必需品，让英勇善战的来客们都过上舒适的生活。他的忠诚与奉献使阿尔弗雷德心怀感激，重登王位后也没忘记报答他的恩情。

尽管这位牧牛人想方设法筹集物资，但物资仍然供不应求，所以聚集在阿塞尔内的人们有时也会陷入困境。阿尔弗雷德及其家人、随从需要物资，那些陆续赶来的人也需要，而且他们常常突然到来，根本不考虑他人的需求。当时牧牛人农场的粮食产量很低，农场地理位置也很难让人从外部运进物资。这里在历史上也被称为"小岛"，所以进入这里的方式之一似乎就是乘船。遗憾的是，小岛周围全是泥泞的沼泽，而不是可航行的水域。于是，当粮草枯竭时，士兵们就跟牧牛人去附近的小溪打鱼，有时收获颇丰，有时却空手而归。

描述了阿尔弗雷德这段人生经历的修道士们，还记录了一件发生在打渔期间的故事，但这个故事的部分内容肯

第八章 逃亡

定是杜撰的,甚至全是杜撰的。当时天寒地冻,小溪都结了冰,仓库中的粮草也即将耗尽,所剩无几。士兵们只好带上渔具和弓箭,出门捕鱼打猎,期望能捕到鱼,打到猎物,这样粮草也能得到些许补充。阿尔弗雷德没有一同前往,他待在家中,只有一名女家眷陪着他,对她的称呼,书中所记载的是"妈妈",但她绝不是阿尔弗雷德的母亲,因为他的母亲已去世多年。当时他在茅屋中看书,一位乞丐顺着四周结冰的沼泽来到门前,向他讨要食物。埋头看书的阿尔弗雷德抬起头来,让这位"妈妈"给他一点儿吃的东西。这位妇人就去找吃的,很快就回来说,家中没有食物可以给他,只剩下一条面包了,如果外出打猎打鱼的士兵们晚上空手而归的话,这条面包远不够大家吃。阿尔弗雷德犹豫了一会儿,便让妇人把半条面包分给了乞丐,然后解释道,他只相信上帝,当初耶稣用五饼二鱼喂饱了三千人,现在也能用半条面包喂饱士兵们。

于是,面包被分成了两半,乞丐没想到会有如此收获,拿着半条面包欣然离开了。阿尔弗雷德继续埋头读书。没过一会儿,书从手中滑落,他就睡着了。在梦中,一位圣人出现在他面前,给他带来了上帝的启示。圣人说,上帝听到了他的祷告,对他的忏悔很满意,对他的痛苦很怜悯;上帝看到虽然他与士兵们深陷贫苦,但仍然做出了救济乞丐的善举,就非常喜悦;他对上帝的忠心与虔诚即将得到回报,而且改变的时刻已经到来,他即将重返王位,重新拥有至高无上的权力,他的国家会变得更加繁荣昌盛;为了证明这个预言的真实性,士兵们那天晚上将会满载而归。

阿尔弗雷德从梦中醒来,信心倍增,充满希望。到了晚上,士兵们果然满载而归,人人脸上都挂着无尽的喜悦。这些鱼和猎物足以供应一支小部队。从阿尔弗雷德帮助乞丐到他的梦境,再到应验了梦境的不寻常的满载而归,每件事都让大家信心倍增,满怀希望。于是,他们开始制订作战计划;他们要在岛上建立防御工事,保证大本营的稳固与安全;他们要征兵扩大队伍,对丹麦的小部队进行突袭;他们还要向全国各地派出情报员和密使去笼络人心,召集部队。总之,他们将采取各种措施从敌人手中夺回国家,恢复合法君主的王位。后来,在阿塞尔内附近突然发生了一件事,大大加快了这些计划的制订与实施,详情见下一章。

第九章

重组军队

精彩看点

阿塞尔内——索默塞特郡——金饰出土——古文物研究者的发现——藏身之地的确切位置——防御工事——准备迎击敌军——形势变化——胡巴在威尔士——德文郡——肯威斯城堡——欧顿公爵——胡巴率军南下——烧杀抢掠——乌鸦旗——预见战役的胜负——半野蛮时期——以逸待劳——胡巴稳坐中军帐——欧顿公爵进行突围——拂晓时行动——突围获胜——杀死胡巴——缴获乌鸦旗——丹麦人惊慌逃窜——尸横遍野——撒克逊人欢欣鼓舞——阿尔弗雷的计划成熟——爱丁顿——阿尔弗雷德潜入敌营——流浪琴师——观察敌军情况——天生的琴师——接近国王大帐——丹麦人军纪散漫——受古瑟罗姆赏识——奠定友谊基础——侍从——间谍——形成计划——从容离开——派出信使——埃格伯特巨岩会合的计划——奔赴埃格伯特巨岩——庆祝大联合——爱丁顿营地——丹麦人准备反击——古瑟罗姆听到谣言——阿尔弗雷德率军开拔——在埃格力安营——在帐篷做梦——圣尼奥特传上帝旨意——奔赴战场

第九章 重组军队

阿塞尔内的确切位置尚不确定，只知其位于英格兰西南部的索默塞特郡，该郡位于布里斯托尔海峡南岸，附近有片沼泽地，据传是阿尔弗雷德的藏身之地。十九世纪中期，这里曾有处农舍，也叫阿塞尔内，但这可能是那些认为此处就是古阿塞尔内的现代人起的名字。这附近曾出土过一件金饰，是脖子上戴的护身符，上面刻着撒克逊文，意思是"阿尔弗雷德请人所制"，这件金饰现珍藏于英格兰的一座博物馆。一些古文物研究者声称找到了一座小丘，周围全是低地，那里正是收留了阿尔弗雷德的牧牛人长居的地方；当然，这种说法毫无根据。此地的独特性源于其地理位置——沼泽森林间布，潺潺溪水比邻，但历经千年，沧海桑田，这些都会完全改变。

无论阿尔弗雷德藏身之地的确切位置在哪里，如上一章所示，在数月前，这个地方已经成为军营。军营虽然非常隐蔽，但在很大程度上仍然具备要塞堡垒的特征，易守难攻。阿尔弗雷德的随从在这里修建了类似城墙的东西，还在牧牛人往来行船的水域修了一座桥，并建了两座瞭望塔用以监视桥面动静。尽管这些防御工事极为简陋，但用意很明显：它们不仅提供了一层实实在在的防护，而且使这些受保护者在心理上产生了安全感，让他们不再将自己看作是东躲西藏、居无定所的逃亡者，而是一支卫戍部队。一开始，这支部队不堪一击，但随着力量的蓄积，情况逐渐好转，并准备迎击敌军。

上一章结尾时，我简要提到形势的变化加快了阿尔弗雷德计划的进程：当时似乎有一大批丹麦人在首领胡巴的率领下，一直在威尔士烧杀劫掠，无恶不作。威尔士位于布里斯托尔海峡对岸，在阿尔弗雷德召集军队的阿塞尔内正北部。因为海峡两岸的间距并不大，加之丹麦人有战船，所以只要他们查出阿尔弗雷德藏匿于阿塞尔内，就会立即袭击他。

阿塞尔内位于索默塞特郡，与之西南部毗邻的是德文郡，也在布里斯托尔海峡的南岸，德文郡有座肯威斯城堡，德文郡欧顿公爵是这座城堡的主人。公爵深受阿尔弗雷德备战的鼓舞，在此召集了一支数量可观的军队，准备同阿尔弗雷德共抗大敌。就在这时，胡巴率领军队南下至布里斯托尔海峡北岸，接着他集结了所有战船，横渡海峡，在德文郡海岸登陆。欧顿公爵抵抗不了胡巴的军队，便和士兵退回到城堡中，紧闭城门死守。胡巴领兵追到城墙下，

第九章 重组军队

就地安营扎寨，开始思考下一步的行动。

胡巴是罗格纳·洛德布罗克唯一健在的儿子，关于罗格纳的相关事迹在第三章已有所述。胡巴和丹麦其他首领一样，坚定果决，精力充沛。他因烧杀抢掠在英格兰名声大噪，他手下的那群强盗也因打着一面神秘莫测的魔法旗而闻名遐迩。这面旗叫"乌鸦旗"，旗子上织有或绣有一只乌鸦。这是胡巴兄弟几人穿越日耳曼海替死去的父亲报仇时，三个姐妹为他们织的。丹麦人和撒克逊人都相信，这面旗拥有超自然的神力。上战场时，只要带着这面旗，旗子上的乌鸦就能预见战役的胜负。如形势不利，乌鸦就保持纹丝不动；相反，若持旗一方注定获胜，乌鸦便会神奇地扑闪双翼。因此，丹麦人对这面乌鸦旗满怀敬畏，而撒克逊人也对其神力感到惧怕。对于所谓的奇迹的解释，其实很简单。从理性和感官的角度来看，无论人们想象出何种鸟绣在战旗上，当战旗在奔赴战场途中随风飘扬时，鸟的翅膀要么是运动的，要么是静止的，但对当时处于半野蛮时期的丹麦社会来说，迷信风行，所谓奇迹，不过是出于人们的幻想，这种幻想的力量远远超出理性和感官的力量。

肯威斯城堡建于海岬之上，外有撒克逊人防守。胡巴想，城堡很难直接攻下，不过城堡内粮草水源不足，如果他按兵不动，稍等一段时间，待其粮尽水缺，那么涌进城堡的大量士兵很快就会因饥渴而被迫投降。或许当胡巴率军直逼城堡时，乌鸦并未扑闪羽翼，而如果发动袭击，灾难必然降临。最终，胡巴放弃了正面袭击，决定以逸待劳。他排兵布阵，让军队守在陆地，舰队守在海边，海陆一体，对城堡形成合围之势，待城中弹尽粮绝，城堡便不攻自破。一切布置妥当后，胡巴稳坐中军帐，静候佳音。

胡巴并不需要等待他所预期的那么长时间了。原来欧顿公爵自知大难临头，倘若死守城堡，战败就不可避免，值此生死存亡之际，他决定殊死一搏，进行突围。于是，有一天，天一黑，趁着胡巴的哨兵和警卫无法察觉城堡内的动向时，欧顿公爵便开始集结士兵，准备打丹麦人一个措手不及。

当一切准备就绪，他们开始静待拂晓。若想突袭奏效，就需乘夜行动；但要赢得优势，一击制胜，则需白日之光。因此，欧顿公爵选择在拂晓时行动，因为那时既有突袭所需的夜色，也有随后而来的日光助他获胜。这个时间节点选得恰到好处，加之筹备有方，指挥得当，突围大获全胜。

当时，除哨兵外，其余的丹麦士兵睡得正酣。突然，一片可怕的叫声传来了。丹麦人从梦中惊醒了，原来，撒克逊人呼喊着冲进了他们的营地。于是，他们急忙拿起武器，但此次突袭使他们惊慌失措，混乱无序，极度绝望。欧顿公爵率领亲信直逼胡巴军帐，令胡巴措手不及，当场就把他杀了。同时，他们还拔掉了胡巴军帐中的圣旗，欣喜至极，难以言表，这不仅是获胜而得的战利品，更是丹

第九章 重组军队

麦人的损失。

丹麦人惊慌逃窜，当得知首领惨遭杀害、圣旗横遭截获时，这种惊慌失措随即变为彻底的绝望。撒克逊人对这些丹麦人毫不留情，其中一些在四散溃逃时被砍死，还有一些瘫倒在地，被长矛利剑刺穿；尸横遍野，惨遭践踏，场面混乱不堪。当时除了战舰外，丹麦人无处可避。因此，那些逃过追兵长矛利剑的丹麦人，匆忙朝着有水的方向逃去，体壮命好的就上了船，体弱负伤的则溺水而亡。接着，舰队驶离了海岸，撒克逊人打扫战场时，估计有一千两百具尸体。

图为丹麦人使用的武器

131

这场胜利，尤其是缴获了乌鸦旗，对撒克逊人和丹麦人的心理产生了巨大的影响：一方面撒克逊人欢欣鼓舞；另一方面，由于各种迷信的、自然的、固有的恐惧，丹麦人变得意志消沉。该战役意义重大，实际上，正是这场战役彻底改变了阿尔弗雷德的处境和未来。阿尔弗雷德的藏身之地被发现，他再次上战场迎击敌人的计划也逐步成熟，这些消息传遍了全国，各地百姓纷纷拿起武器，加入他的队伍。阿尔弗雷德的几处领地上仍有大批丹麦人，当他们听到撒克逊人准备再战的风声时，也开始做准备了。

丹麦人主要驻扎在威尔特郡的爱丁顿。该地附近有处高地，是丹麦军队的主要据点。据现代人猜测或考证，那里曾发现过防御工事的遗迹。当时，阿尔弗雷德仅掌握一些简单情况，比如敌军数量。他想获得更为精准详实的情报，于是便打算乔装打扮成流浪琴师，亲往敌营一探究竟。此行虽然险象环生，但没有一开始想的那样可怕。经过数月的流亡，他已经熟悉了乡野平民的话语和习俗；幼年时，他曾经背过许多撒克逊诗歌，这时仍记忆犹新；他还钟爱音律，擅长演奏乐器；所以对他而言，伪装成一名流浪琴师是易如反掌的。当时那个年代，琴师们会跟随军队弹唱歌曲，供将士们娱乐消遣。

阿尔弗雷德乔装后就背起竖琴向丹麦人的军营慢慢走去。作为一个名不见经传的乡野村夫，既能拨弄琴弦，又能沿街乞讨，就算他是敌国的人，也能畅通无阻地混进丹麦军营，不会引起丹麦人的丝毫怀疑。丹麦人欣然准许阿尔弗雷德进入他们的军营。他随意穿行于丹麦人的战斗部队中，只要看到成群的士兵，他就去跟前弹唱，看上去他只关心赚点儿微薄的赏钱，但实际上，他在非常仔细地观察敌军的人数、部署、军纪等情况。

阿尔弗雷德表演出众，俨然是一个天生的琴师。他的音乐旋律动人，歌谣优美，最后他精湛的表演传到了丹麦首领耳中。丹麦首领叫人将这个琴师带到他的军帐中，为他专门弹唱。于是，阿尔弗雷德便获得了接近王帐的机会。

阿尔弗雷德发现，丹麦人的军营纪律涣散，疏于防守。他们的首领叫古瑟罗姆。当阿尔弗雷德在古瑟罗姆面前表演时，获得了亲近他的机会，于是看透了他的性格，摸清了他的社交和个人习惯，而这在很大程度上而言，就是之后阿尔弗雷德特别对待古瑟罗姆的原因。古瑟罗姆善待他，并且对他弹唱的歌曲非常满意，但在某种程度上，这个谦逊的陌生客人带来的某种神秘的兴趣吸引着古瑟罗姆。尽管阿尔弗雷德竭力掩饰，但由于他气质不俗、智力超凡，所以他的言行举止不可避免地流露出一种独特的魅力。

总之，阿尔弗雷德受到古瑟罗姆的热情接待。古瑟罗姆和这位假扮的行吟琴师言谈甚欢，共同度过了一段美好时光，这为后来双方结盟奠定了诚挚的友谊基础。

阿尔弗雷德身边还跟着一位侍从，是从阿塞尔内带来的，专门为他拿竖琴，同时也是他路上的伙伴。当时即使他真是个流浪竖琴师，他也需要这么一个伙伴，况且他还是个间谍，对一个间谍来说，在潜入丹麦军营时有个可以提供帮助和慰藉的朋友，是很有必要的。

阿尔弗雷德探查了古瑟罗姆的营地后，进攻计划逐渐在脑海里形成了。接着，他便带着竖琴和侍从从容地离开了，假装去寻找新的表演场地。阿尔弗雷德一摆脱丹麦人的视线，就绕道安全地返回了阿塞尔内。那时正值春天，这个季节非常有利于实施他的宏伟计划。

阿尔弗雷德向所有邻国派出了信使，这些信使忠诚可靠。信使们把阿尔弗雷德仍在人世，并正准备和丹麦人再决雌雄的消息告诉他们；信使们会请求邻国的首领们尽己所能，集结所有军队，前往一片森林会合。在那里，阿尔弗雷德国王将会整合军队，与他们进行战前磋商，完善作战计划。该森林是赛尔伍德森林，长十五英里，宽六英里，里面柳树丛生。森林里有个知名的地方叫埃格伯特巨岩，这里就是他们的会合地。信使们拜访的各首领会在指定日期来到埃格伯特巨岩，他们会带来尽可能多的全副武装的士兵。他们的行动是秘密的，这样一来，当大军集结、准备战斗时，能避免引起古瑟罗姆的警惕。

信使们发现，撒克逊首领们都很乐意参与阿尔弗雷德的计划。部分首领还是第一次听说阿尔弗雷德还活着的消息，所以当得知阿尔弗雷德要继续充当他们的领袖时，他们欣喜极了。事实上，当时的所有一切都在共同促成这次

图为阿尔弗雷德大帝像

计划。漫长阴沉的冬天过去了，春天的来临像往常一样振奋了士气。将士们斗志昂扬，整装待发。现在，欧顿公爵战胜胡巴、缴获乌鸦旗的消息已经传遍四方，撒克逊的首领们和士兵们备受鼓舞。他们的热情空前高涨，都想拼尽全力再战敌人。在大好的形势下，撒克逊首领们率领着他们的武装力量，按时奔赴埃格伯特巨岩；阿尔弗雷德也已经做好了与他们会合的准备。撒克逊首领们经过两天的长途跋涉，终于来到了埃格伯特巨岩。大家彼此问好祝福，现场充满了欢乐。随着人数越来越多，力量越来越大，他们也越来越勇敢。这些正能量相互影响，激发了他们的热情。休会期间，为了庆祝这次大联合，他们纵酒放歌，奏响军乐，举行比赛。森林中回荡着角声、号声、武器的碰撞声以及人们的笑声。此刻，所有的谨慎都无法抑制人们内心的欢快与喜悦。

古瑟罗姆继续驻扎在爱丁顿的营地，这里看来是丹麦大军的主要集结地。同时，这里还有大量平民百姓以及退伍士兵，他们是随丹麦军队来到这里的。占领这里的土地后，他们在这里定居耕作，并把这里当作永久的家园。这些丹麦入侵者分散在英格兰各地，有的地方人多，有的地方人少。虽然撒克逊原住民想要赶走他们，但往往因为丹麦大军的反击而失败，因此这些入侵者仍是英格兰的霸主，他们的军事组织完好无缺，随时准备反击任何有备而来的撒克逊军队。

第九章 重组军队

古瑟罗姆麾下的丹麦大军是所有丹麦入侵军中最强大的一支。现在他已经意识到，反抗的斗志正在撒克逊民众中蔓延。他甚至听到一些谣言，说一批批撒克逊部队在几位首领的率领下正向赛尔伍德森林方向移动。虽然他已经料到大战即将发生，但他没有料到撒克逊人已经做好了开战的准备。因此，尽管他继续待在爱丁顿的军营，逐渐完善迎战计划，但如果有猛烈的突袭发生，他一定措手不及。

阿尔弗雷德见万事俱备了，便率领在埃格伯特巨岩集结的军队开拔了。埃格伯特巨岩在一些古代史书中被典雅地拼作"埃格比斯-斯坦"。如今，埃格伯特巨岩附近有个叫不列克斯坦的地方，可能与"埃格比斯-斯坦"同源。阿尔弗雷德向古瑟罗姆的营地进军的第一天没走多少路，他打算次日再率大军进逼古瑟罗姆的营地。次日，他果然如愿以偿。夜晚降临时，他命令大军在埃格力安营，他站在这里的一个高地上远距离地侦察敌情。

当晚阿尔弗雷德在帐篷睡觉时，做了一个怪梦。他梦见他的亲戚圣尼奥特，我们曾在前面提到过他，他是牧师。当阿尔弗雷德统治初期屡犯罪孽时，他曾严厉地批评过他。梦中的圣尼奥特告诉阿尔弗雷德，上帝已经接受了他的忏悔，将给予他特殊的庇佑，所以当明日来临，攻打异教徒大军时不要畏惧。也就是说，阿尔弗雷德经历的那么多灾难，是上帝对他早年统治时期的骄傲自大的惩罚；在他遭受灾难，向上帝虔诚忏悔后，他的内心觉醒了，罪孽赎掉了,所以他可以毫无畏惧地去战斗,并且在上帝的庇佑下,他会大获全胜。

  第二天一早,阿尔弗雷德国王向士兵们讲述了这个梦。有了胜利的保证,首领们和士兵们的士气更加高涨了,斗志更加昂扬了。于是,他们便拆掉营帐,激扬着士气,渴望着胜利,奔赴战场,与敌人决一死战。

第十章

大胜丹麦人

精彩看点

梦境的激励——偷袭敌营——爱丁顿高地——发布动员令——爱丁顿战役——丹麦人遭重创——大溃逃——有序退兵——涌入城堡——渴望救援——古瑟罗姆被包围——饥肠辘辘——古瑟罗姆投降——阿尔弗雷德复国——思考对付战败敌人的策略——丹麦人定居不列颠多年——撒克逊人立场——摒弃前嫌——面向未来——和古瑟罗姆谈条件——英格兰东南部地区——古瑟罗姆皈依基督教——古瑟罗姆的教父——投降的原因——古瑟罗姆接受条件——筹备洗礼——皈依基督教的影响——奥尔若——举行洗礼——基督教教名——伊瑟尔斯坦——洗礼告终——签订和平条约——古瑟罗姆被称为王——北欧人的主要定居点——共同抵抗新掠夺者——古瑟罗姆恪守承诺——阿尔弗雷德制定相同法律——古瑟罗姆驱逐丹麦侵略者——阿尔弗雷德组建政府——阿尔弗雷德的高尚品德——从鹰巢中救出小孩

第十章 大胜丹麦人

阿尔弗雷德在梦境的激励下率军去攻打古瑟罗姆的丹麦军营。他的大军人数众多，士气高涨，令他备受鼓舞。他打算发动偷袭，打敌军一个措手不及。虽然古瑟罗姆听到了撒克逊大军已经集结完毕的风声，但当阿尔弗雷德那声势浩大、组织严密的大军突然出现时，他仍震惊不已。

如前所述，古瑟罗姆正占据着爱丁顿附近的高地。他不仅把作战指挥中心放在这里，还在高地上修筑了坚固的防御工事。同时，他的大军主力在平原上安营，数量庞大，散布在面积很广的战线上。阿尔弗雷德让他的人马暂歇，将行进队列改为作战队列。他在战前向士兵们发布了动员令，因为时间紧迫，就只说了几句。他对将士们说，我们再也不能忍受异教徒的压迫了，现在我们要奔赴战场，去拯救自己，拯救国家；上帝与我们同在，胜利必定属于我们。最后，他强调，只要将士们像铁血男儿般战斗，那么大胜就在眼前,美好的日子即将来临。

随后,阿尔弗雷德大军便发起了进攻,丹麦人匆忙应战。由于战役爆发得非常突然,丹麦人只能尽量召集士兵迎敌。当阿尔弗雷德的前锋看到丹麦士兵靠近时,便开始放箭。接着,他们便手持长矛向敌人冲击,过了一会儿他们将长矛丢弃,拔出刀剑与敌人肉搏。

很快,丹麦人遭到重创。撒克逊人越战越勇,虽然他们已经稳操胜券,但破釜沉舟的决心不变。最后,丹麦人支撑不下去了,战线全面崩溃。这时,阿尔弗雷德已经驱兵切断了丹麦人向高地撤退的路,所以丹麦人无法到达高地上的堡垒。在这种形势下,丹麦人既无法在平原立足,也不能在高地藏身,大溃逃随即发生,而阿尔弗雷德的得胜之师也乘胜追击。

过了一段时间,古瑟罗姆经过巨大的努力,成功地召集了他的士兵,或者说至少在一定范围内成功地重整了四散溃逃的部队。于是,溃逃变为有序退兵。这时,有些丹麦士兵战死沙场,有些被俘,有些逃离了战场,在恐惧的笼罩下,游荡到很远的地方,无法回到所属队伍一起撤退。在古瑟罗姆的指挥下,大队人马向前行进,士兵们有的筋疲力尽,有的伤病交加,虚弱无力,瘫倒在路边等死,但他们的同伴们,只顾自己的死活,继续向前行进。不久,这支撤退的队伍所剩无几,他们在古瑟罗姆带领下继续撤退,最后到达一座可以为他们提供庇护的城堡。他们极度

图为手握战剑的阿尔弗雷德大帝雕像

恐慌地穿越吊桥，涌入城堡，并赶紧关上大门。此刻，他们暂时摆脱了迫在眉睫的危险，大松了一口气。

对于这些可怜的逃亡者来说，如果一支大军能火速前来救援，那么他们来到这座城堡简直是幸运至极。不幸的是，没有军队前来解救，也没有充足的粮草与水源。现在，除非得到外部的火速救援，否则这些刚从撒克逊人的长矛利剑下捡回性命的人们就会死于更加残忍的饥渴。这支战败的军队是丹麦人在不列颠岛上的中坚力量。当分散在不列颠岛各地的其他丹麦军队得知这次惨败的消息后，没有不大吃一惊的。而在撒克逊人这边，随着国王的重新出现和胜利喜讯的传开，举国上下，群情激昂，人人乐战。

古瑟罗姆现在已经被阿尔弗雷德的军队包围了。他在城堡中根本无法得知外面的情况。包围他的人数远远多于他的手下，要是试图突围，那他简直就是疯了。同时，他决定不投降，因为他对援兵的到来还抱着一线希望，于是他便日复一日地等着。饥肠辘辘的哨兵们，在城堡的瞭望塔上凝视四周，寻觅着援兵到来的迹象——远方飞扬的大片尘土，或阳光下闪闪发亮的武器。他们一等就是十四天。最终，困在城堡的士兵饿得神志不清，语无伦次，奄奄一息。在这种情况下，古瑟罗姆再也无法坚持下去，于是就投降了，阿尔弗雷德终于复国了。

从爱丁顿战役结束到古瑟罗姆投降的十四天里，大权

图为丹麦人的船只模型

在握的阿尔弗雷德有充足的时间思考怎样对付那些被打败的敌人。而他接下来采取的策略及其获得的成果，与他一生中的所有行为一样，都证明了他那伟大非凡、崇高卓越、勇于创新的品格。两个截然不同的民族多年来一直在不列颠岛上进行无比血腥的激烈斗争，双方都取得过暂时或局部的胜利，但从未彻底打败或消灭过对方。虽然丹麦人是这场战争中的侵略者，但如果一概而论可就大错特错了，因为我们不能忘记，撒克逊人的祖先曾用同样的方式侵略了不列颠人，不列颠人早在撒克逊人之前就是该岛的主人；说到底，丹麦人只是侵略了侵略者。而那个时代的准则是：所有领土都是每一场角逐的奖赏，其统治权属于其中的最强者。此外，丹麦人已经在大不列颠生活多年，大部分人已经定居于此，过上了平静的农耕生活，与撒克逊人在各方面建立了友好关系。两个民族相互通婚，虽然在某种意义上的敌对现象仍然存在，但年复一年，丹麦人早已融入了不列颠；不列颠岛已经不再像最初那样：两军敌对，争夺土地。虽然这些人是侵略者，但要清除他们，把他们遣返至日耳曼海对岸无亲无故的地方，将会是件很棘手的事，实际上，这件事根本无法做到。

这一切阿尔弗雷德都考虑到了。在这个问题上，他持一种综合、全面、公正的态度，而不像大多数胜利者那样持一种偏执狭隘的观点，完全站在撒克逊人立场上看待这个问题。他意识到，要想改变既定事实已经不可能了，于是他做了一个明智的决定,即维持现状,充分利用当前的形势,摒弃前嫌。无休止地争论过往是没有意义的;如果所有纠结于往日恩怨的人都能效仿阿尔弗雷德的做法,那就太好了。如果遇到与阿尔弗雷德类似的情况,我们都应该说,让我们忘记过去,立足当下,面向未来,维护和平,争取幸福。

阿尔弗雷德决定采取的政策不是把英格兰的丹麦人完全消灭干净,而是仅驱逐丹麦的武装力量,允许那些愿意和平共处的丹麦居民继续拥有土地。因此,阿尔弗雷德并未像对待敌军俘虏那样严厉苛刻地对待古瑟罗姆,而是告诉他,不仅愿意还他自由,基于某些条件还会将他看作朋友与盟友,并允许古瑟罗姆作为国王,管辖丹麦子民们居住的那片英格兰领土,但这片领土在阿尔弗雷德疆界以外。这些条件如下:第一,古瑟罗姆必须带领军队和随从远离阿尔弗雷德的疆域,发誓永不归来;第二,古瑟罗姆自此只能将自己的活动范围限制在撒克逊政权早已消失的英格兰东南部地区;第三,古瑟罗姆得提供人质,表示对这些条约的忠诚履行,但阿尔弗雷德不向其提供任何人质。还有一个更特别的条件,即古瑟罗姆应当皈依基督教,以最公开庄重的方式,在两军将领面前接受洗礼,公开宣誓忠于撒克逊人的信仰。在这个由阿尔弗雷德提议的洗礼仪式中,阿尔弗雷德本人将作为古瑟罗姆的教父。

阿尔弗雷德作为古瑟罗姆最畏惧的敌人,曾将他困于城堡之中。现在古瑟罗姆为了摆脱饥饿与死亡的威胁，就皈依了基督教，而阿尔弗雷德本人不仅是这种粗鲁的皈依方式的重要促成者，也是见证这位新教友入教仪式的教父。说服这个异教徒军人皈依基督教的想法在当时是件稀罕事，而且在当时那种情况下，只有具备伟大创造力和魄力的人才会生出这种想法，并努力让这种想法变为现实。古瑟罗姆可能对他人生中这一出乎意料的转折感到十分震惊，而就在几天前，他还在死亡边缘徘徊。当时他和他那些饥饿的士兵们一起被困在一座幽暗的城堡中，而城门外就是锐不可当的阿尔弗雷德大军。如他所料，阿尔弗雷德的大军正在用力撞击大门，轰轰的撞击声响个不停。他当时面临的选择，要么是在城堡中精神失常，活活饿死，要么是投降后被处以酷刑。但最终他还是投降了，似乎仅仅是因为饥渴比酷刑更难熬。

我们只能希望，阿尔弗雷德在向战败的敌人提出条件时，多多少少受到基督教宽恕原则的影响，也希望古瑟罗姆在接受这些条件时，至少心怀感激，对阿尔弗雷德展现出的基督教美德大加赞赏。不管怎样，他最终接受了阿尔弗雷德提出的条件。丹麦军队获释后开始东行；而古瑟罗姆及其麾下的三十个将领数周以来一直是阿尔弗雷德的座上宾。阿尔弗雷德完成了紧张的政府组建工作和洗礼筹备事宜后，双方在阿塞尔内附近握手言和，结成了盟友，而这里也是即将举行洗礼的地方。

图为古瑟罗姆皈依基督教

这个异教徒的首领就这样皈依了基督教，虽然他对异教信仰和基督教信仰所持的观点和态度并没有发生明显的转变，但他皈依基督教所产生的影响却不容小觑。基督教对古瑟罗姆臣民思想道德的影响意义重大，因为一旦他们的首领信奉基督教，那他的臣民们也会纷纷效仿。长此以往，撒克逊人就会改变丹麦人是仇敌的普遍看法。他们曾对这些丹麦人恨之入骨，正是因为作为异教徒的丹麦人对基督教的宗教仪式充满了憎恶。古瑟罗姆即将进行的洗礼将会改变所有这一切；而引领古瑟罗姆走向洗礼圣水盆的阿尔弗雷德，不仅在英格兰，而且在法兰克与罗马都备受尊重。与他在爱丁顿打败古瑟罗姆的军队相比，让古瑟罗姆皈依基督教显得更伟大、更高尚。

　　与洗礼有关的各种仪式持续了好几天。这些仪式在阿塞尔内附近一个名为奥尔若的地方举行，那里的教堂中的牧师主持了相应的仪式。这位新入教者身着白色衣服（因为白色代表纯洁，所以即将受洗的人通常都穿白色），头盖神秘纱布。牧师们给古瑟罗姆起了个新名字，即基督教的教名，这是个撒克逊人的名字。皈依的异教徒总会在受洗后的日子里得到一个新名字；而我们常见的词组——教名——就是在这种情况下出现的。古瑟罗姆的教名是伊瑟尔斯坦，阿尔弗雷德是他的教父。洗礼仪式结束后，大家来到一个距奥尔若几英里远的小镇，阿尔弗雷德已经计划在这里建造王宫了。他们在这里又举行了其他一些与新教徒入教有关的仪式。接着，盛大的庆祝活动拉开帷幕，大家欢呼雀跃。然后，受洗礼就告终了。

两位国王签订了一个正式、详尽的和平条约。根据条约，古瑟罗姆被称为王，拥有独立的管辖区域，位于阿尔弗雷德领土外以东的地方。古瑟罗姆同意自条约签订之日起，限制自己的活动范围。如果读者想要知道古瑟罗姆管辖的是英格兰哪些地区，那么翻开地图，很容易就能找到。这些地区包括诺福克、萨福克、剑桥郡、埃塞克斯及赫里福郡的部分地区。住在这些地区的大部分是丹麦人。丹麦人穿过日耳曼海，登陆不列颠岛，然后经泰晤士河和麦德威河，很容易到达这些地区；这些地区已经成为北欧人的主要定居点。

古瑟罗姆不仅同意将自己的活动范围限制在这些地区，还表示从今往后，他会是阿尔弗雷德的朋友与盟友，一旦有新敌逼近，他会与阿尔弗雷德并肩战斗。虽然阿尔弗雷德希望古瑟罗姆可以尽到自己的义务，但他并不指望古瑟罗姆会完全信守诺言，所以他对古瑟罗姆的人质从没有放松警惕。阿尔弗雷德让古瑟罗姆履行条约也是为了他自己的利益。他让古瑟罗姆和平地获得那些地区，同时凭借胜利让这位丹麦首领惊异于撒克逊人领袖的强大军备和战斗力。他还向古瑟罗姆提供了各种优惠条件。于是，古瑟罗姆对现在拥有的一切都感到心满意足，决心与阿尔弗雷德联手，共同抵抗新的掠夺者入侵。

因此，古瑟罗姆决定恪守承诺，忠于新盟友；他们商定了所有条款，签订了条约。最后，阿尔弗雷德赠予古瑟罗姆很多礼物，很体面地送走了他。

除了限制古瑟罗姆的这些条约外，我们并不确定阿尔弗雷德是否也让出了对古瑟罗姆领地的最高统治权。也就是说，虽然古瑟罗姆在条约中被尊称为王，但究其实质，他只是一名代行王职的总督，臣服于阿尔弗雷德的君权之下。但有一点是确定的，在与古瑟罗姆签订的条约中，阿尔弗雷德所关心的，是为两国制定相同的基本法律，似乎他早就预见到两国终会形成完整统一的联盟，所以他希望两国的政治与社会体制尽快趋同，由此推动两国的最终统一。

事实证明，古瑟罗姆坚守了自己的职责，信守了自己的承诺。他默默地驻守着条约划分给他的领土，再也没有入侵阿尔弗雷德的王国。虽然其他丹麦人还是一如既往地漂洋过海踏上英格兰海岸，但古瑟罗姆无论何时都将他们拒之门外，甚至就算有些人前来是为了谋求合作或援助，也会遭到他的拒绝。于是，古瑟罗姆赶走了一批又一批的丹麦人，致使丹麦人的侵略锋芒不得不南下法兰克王国和欧洲大陆的其他地区。这时，阿尔弗雷德正在尽心竭力地组建政府各部门，规划建设城镇，修缮加固城堡，扩建道路，设立法庭，筹划秩序井然的社会运转所需的复杂机制，其中一些机制将在下一章进行详述。

第十章 大胜丹麦人

在本章快结束时,我们得再补充一点:尽管阿尔弗雷德战胜了古瑟罗姆,之后古瑟罗姆也对他忠心耿耿,但阿尔弗雷德从未享受过片刻安宁。在他统治期间,或多或少地遭受着北欧人的侵袭,他们不时登上英格兰海岸进行劫掠,有时还会取得暂时的局部的胜利,其中最严重的一次发生在阿尔弗雷德快驾崩时,后面我会详述此事。

阿尔弗雷德对待古瑟罗姆所体现出的宽宏大量与高尚品德,不仅给当时的人们留下了深刻印象,也使这位英雄在之后的每个时代都广受赞誉。虽然所有人都会对他人体现出的这种品德表示赞赏,但自己却很难做到。如果我们对一个得到宽恕的人没什么特殊怨恨,那么我们似乎就会觉得,阿尔弗雷德所表现出的宽宏大量是很容易做到的;而对伤害自己的人,宽宏大量却难上加难。有些人觉得,如果处于阿尔弗雷德那样的境况,他们也会像他那样做。真应该让这些人看看自己的交际圈,看他们对自己的仇人,即那些阻碍过、陷害过、诽谤过、侮辱过或中伤过他们的人,是否还会轻易地采取与阿尔弗雷德同样的方式。我们发现,要将自己的怨恨转变为宽恕与善意特别难,所以我们就更加敬佩阿尔弗雷德对待古瑟罗姆的方式了。

阿尔弗雷德一生以心善闻名,当时流传着数以千计的故事,全是关于他平反受冤之人、救济穷困之人、安抚受苦之人、帮助不幸之人的事迹。据说有一次,阿尔弗雷德正在林中打猎,听到一个孩子哀切的哭声,声音好像从头顶上空传来。经仔细寻觅，最后他发现声音是从一棵大树上的鹰巢中传来的。他爬上树，发现里面有个孩子，正因疼痛、害怕而大声哭叫，原来是老鹰把他当作猎物抓来的。阿尔弗雷德把这个男孩抱下了树，在四处寻找他父母无果后，便将这个孩子视为己出，给予他良好的教育，把他抚养成人。当然这个故事很有可能是杜撰的，但有时通过这种虚构的故事，人的优秀品质会得以突显。

第十一章

阿尔弗雷德治国理政的特点

精彩看点

宅心仁厚，博爱仁慈——发展和平教育事业——智慧、秩序、正义、体制——具备条件——盎格鲁-撒克逊民族——阿尔弗雷德做决定前的考量——缺少有利机会——一生与丹麦人交战——遭受神秘疾病折磨——坚强的意志——重视国民教育——以身作则，勤奋学习——学习拉丁语——好友阿瑟尔——邀请阿瑟尔来宫廷任职——阿瑟尔病倒——阿瑟尔接受邀请——宫廷聊天——小羊皮册子——阿尔弗雷德的著作——手抄本——创立牛津大学——英格兰一大奇迹——社会井然有序——阿尔弗雷德的性格——顺利进行改革——治理国家的巨大动机——为民谋利——处理琐碎的工作——发明计时方法——燃烧蜡烛——灯笼发明者——遇到困难——风吹蜡烛——窗户——羊角薄板——阿尔弗雷德的时间分配——阿尔弗雷德治国有方——黑斯廷斯惹麻烦

第十一章 阿尔弗雷德治国理政的特点

虽然阿尔弗雷德一生尚武好战，但他宅心仁厚，博爱仁慈，不遗余力地发展和平事业，提高国民教育水平，发展社会福利，而这些也许是他最引人瞩目的方面。他所处的外部环境让他成了一个军事英雄，但他深知，只有通过最佳方式筹划社会的内在组织结构，王权才能永固；他深知，智慧、秩序、正义、体制等在国家机构中普遍存在的要素，才是伟大国家的精髓，并且他也在治国理政中利用了这些要素。

阿尔弗雷德确实具备了践行这些要素的条件。他那时所统治的盎格鲁-撒克逊民族能够充分理解并执行他的治国方案。自他登基为王之后的一千年里，盎格鲁-撒克逊民族的后代继续传承着他的治国方案。只有盎格鲁-撒克逊这样的民族才能造就阿尔弗雷德，而其他民族则接受不了阿尔弗雷德的治国方案。盎格鲁-撒克逊民族以战争中的沉着冷静和英勇无畏著称，阿尔弗雷德便是典范，此外，这个民族还勤勉奋进，组织有序，行动高效，锲而不舍地推动和平事业。他们把一切都安排得井井有条，一切都在他们手中成形、发展和完善。甚至当其他国家都停滞不前时，这个民族依然奋发有为。当其他国家人民的生活没有出现改观时，这个民族却能够一如既往地提升生活水平。这个民族一直在不断地创新，大力推进新计划，制定新法律，创立新组织，发展新力量。即使在一千多年后的今天，这个民族依然直接或间接地为世界大部分人口的温饱提供保障，并在很大程度上主导着世界政治。

在制订计划、采取行动时，阿尔弗雷德做决定前是先衡量臣民的能力，还是心血来潮、随心所欲呢？这一点我们不得而知，我们知道的是，在他执政期间，他其实将国家看成一个很大的社会团体，并致力于完善国家的内部组织结构。当他想要大展宏图时，他的国民却处于半开化的愚昧状态。虽然他有很多事要做，但他缺少有利的机会。

首先，他执政期间不断遇到各种困难，不停地与丹麦人开战，这些过多地占用了他的时间和精力，即使与古瑟罗姆达成和平协议后也是如此。这些困扰以及由此而产生的各种军事行动似乎已经让他精疲力尽，不能再为内政操劳了。

此外，还有一个难题是阿尔弗雷德不得不应对的，该难题几乎耗尽了他所有的精力。他一生都遭受一种神秘疾病的折磨。尽管这种病伴随了他一生，但由于众说纷纭，

第十一章 阿尔弗雷德治国理政的特点

加之那个时代的医生水平有限,所以既无法确诊,也无力采取有效的方法减轻他的痛苦。总之,这到底是什么病,人们不得而知。它一直困扰着阿尔弗雷德,有时甚至让他痛不欲生,难以忍受。阿尔弗雷德凭借坚强的意志承受了病痛。在病痛的长期折磨下,他的精神会变得萎靡,但他在任何时候都没有让这种负面情绪影响自己为国民谋取福利。

阿尔弗雷德十分重视国民的教育问题。在那个时代,普及大众教育是不可能的事情,因为没有书本,即使有,也无法印出足够的数量来满足大众需求。所有书本都是人工手写的,贵得惊人。因此,在地里辛苦劳作的广大百姓都是文盲。阿尔弗雷德只能在自己的权力范围内想方设法、竭尽全力地唤醒上层阶级对知识的热爱。事实上,他以身作则,即使在执政期间最忙碌的日子里,也会勤奋学习。这种刻苦的精神在他学习拉丁语的过程中体现得淋漓尽致。事情是这样的:

他在宫廷里有一位

图为阿尔弗雷德大帝像

叫阿瑟尔的好友。阿瑟尔博览群书，虔诚可靠。阿瑟尔最初是威尔士的一名主教。阿尔弗雷德听说他才华横溢，便派人把他请到宫中，并亲自去拜访他。初次见面，阿尔弗雷德就十分欣赏阿瑟尔的才华，并建议阿瑟尔辞去威尔士的主教职务，来宫廷任职，并承诺给他更好的职位。不过，阿瑟尔没有答应。阿尔弗雷德又建议他每年在英格兰居住半年，在威尔士居住半年。阿瑟尔说，他必须先回威尔士，与他辖下的修士和牧师们商议后才能给出答复。不过，阿瑟尔承诺，在六个月以内会再来宫廷给阿尔弗雷德最终答复。阿瑟尔在宫廷待了四天后就回去了。

六个月过去了，但阿瑟尔还没有回来。于是，阿尔弗雷德便派人去威尔士询问原因，最后他得知阿瑟尔病倒了。不过，在这之前，阿瑟尔的朋友们已经建议他接受阿尔弗雷德的提议——每年到英格兰居住半年，因为他们认为，这样就可以借助阿尔弗雷德的影响力，更好地维护威尔士修道院和教会的利益。阿瑟尔病愈后便去了英格兰。在短短六个月中，他成了阿尔弗雷德的良师益友，阿尔弗雷德还让他去英格兰最重要的教会主事。

在阿尔弗雷德击败古瑟罗姆、重建王国八九年后的某一天，阿尔弗雷德与阿瑟尔在宫廷聊天。阿瑟尔引用了一些拉丁语警句，一经解释，阿尔弗雷德非常喜欢，他便让阿瑟尔帮他写下来。说着，他便从衣袋里取出一个小本子，这是他专门记录祷辞的小本子，已经习惯了每天把它带在

第十一章 阿尔弗雷德治国理政的特点

身上。当然,这个本子已几乎被抄满。阿瑟尔仔细看了看,想在上面找个空白处,写下那些拉丁语句子,但没找到合适的地方,便建议为阿尔弗雷德再准备一个小本子,专门记录拉丁语句子及其解释。他还建议,如果阿尔弗雷德要写解释,可以用盎格鲁-撒克逊语来写。阿尔弗雷德欣然接受了这一建议。阿瑟尔便为阿尔弗雷德准备了一个小小的羊皮册子,渐渐用拉丁语在上面写满了圣经上的段落以及罗马诗人或教堂神父的作品中言简意赅的警世之句。阿尔弗雷德用盎格鲁-撒克逊语在每一句的背面都写上了解释。他把这个本子当成自己的忠实伴侣,常常研究,并不厌其烦地在上面添加新句子。他用这种方式很快学到了大量拉丁语,为日后获得广博的拉丁语知识奠定了基础。

阿尔弗雷德尽心竭力地全面推动知识的进步,提高国民的文化水平。他不仅写书,还译书,并在当时的条件下尽可能地使自己的著作和译作出版,也就是让一定数量的著作和译作在能读懂的人群中誊抄流通。这些书通常存放在博学之人常常聚集的地方,如修道院、寺院或其他类似的地方。阿尔弗雷德的著作在当时产生了广泛的影响,一直以手抄本的形式流传,直到印刷术发明,许多书才得以印刷;其他书依然以手抄本的形式保存在英格兰的各类博物馆,尽管随着时间流逝,它们已残破不堪,字迹难以辨认,但游客们依然将它们视为奇珍异宝。尽管那些书在当时产生了深远影响,但现在却几乎没有任何价值。那些书中往往写着道德和哲学观念，其中有些观念早已为人所普及，司空见惯；也有些观念因与当下时代的思想观念不合而遭到摒弃。

在阿尔弗雷德为提高国民文化水平所做的努力中，最伟大、最重要的一个措施是他创立了著名的牛津大学。在他执政的大部分时间里，牛津既是国家的首都，也是他的主要居住地。牛津位于泰晤士河畔，依偎在美丽宜人的山谷里，安静地栖息在绿荫如画的草地中。阿尔弗雷德之前，牛津曾有一个修道院；阿尔弗雷德之后过了几百年，政府通过了捐赠法案，颁布了特许状，其中有些甚至比阿尔弗雷德时期的还重要。因此，有人认为，这所名校的历史可追溯到阿尔弗雷德之前，也有人认为，这所名校其实是在阿尔弗雷德之后而不是在阿尔弗雷德的时代创建的。为了组建牛津大学，汇集世界各地精英，阿尔弗雷德确实采取了一些重要举措。于是，牛津大学很快成为著名的学术中心和知识殿堂。人们称赞他为牛津大学在这片神圣之地上发展壮大奠定了基础。现在，牛津分布着许多古老庄严的建筑，有静谧的街道，庄严的四方形院子，神圣的教堂，富有文化气息的图书馆，隐蔽的走廊，这一切使牛津大学成为英格兰的一大奇迹，即使是路过的游客也感到惊讶。在过去的一千年中，牛津大学对人类知识的进步产生了巨大的影响。

阿尔弗雷德还修复了毁于战火的城堡，重建了化为废

图为牛津大学的布局

墟的城市，并为这些城市组建了市政府。他修葺修道院，并让博学虔诚之士来管理这些修道院。此外，他还修订了国家法律，用那个原始时代的最佳方式执法，于是社会变得井然有序。

阿尔弗雷德的品格对他的国民产生了极大的影响。于是，国民也欣然接受了他所提倡的巨大改革。这些改革彻底改变了整个社会的结构和生活习俗。如果普通君主进行这样的改革，肯定会遇到巨大阻挠，但阿尔弗雷德却顺利地进行了各种改革，并且从未遭人嫉妒和妨碍。

阿尔弗雷德沉着镇定，平静温和。那些常人的愤怒情绪好像从来不会去扰乱他那平和安静的心灵。他还很有耐心，从不从臣民那里期望太多，也不苛责他们工作中偶尔的失误，因为他知道错误总是难免的。他不以物喜，不以己悲。某种意义上他是位平静温和、乐观向上的哲学家。他很清楚，每个人的一生，无论地位高低，都会沐浴阳光，也会遭受风雨。他既不让这些阳光和风雨毁掉他的幸福，也不让它们扰乱心灵的平静；相反，他内心笃定，一直默默地为实现人生目标而努力奋斗。因此，他从不焦虑烦躁，也不着急发怒，更不兴奋发狂；他一直都很冷静、体贴、稳重、坚韧，将自己的精神注入周围的一切。人们看到，他在制订计划时，遵循着固定永久的公正原则；实施计划时，也严格遵循。显而易见，他治理国家的巨大动机就是全心全意为民谋利，促进国家和平、社会安定、

第十一章 阿尔弗雷德治国理政的特点

人民幸福,不带一丝自私阴险的目的。

事实上,似乎没有任何自私、阴险的欲望能吸引阿尔弗雷德的注意力,他不喜欢骄奢淫逸,也不喜欢寻欢作乐,更不喜欢通过摆大排场来放大他在人民心目中的形象。前面提到过他早年因一些不良的放纵行为而遭到批评,虽然这些批评模糊可疑,但批评的仅仅是他逃亡前的早年生活。到了中年和晚年,他所做的一切都是为了给人民永享幸福和国家繁荣昌盛打下广泛、深厚、永久的基础。

阿尔弗雷德这样的做法是由他所采取措施的本质决定的,这些措施非常琐碎,需要逐一处理,他的工作量每天都很大。只有坚持不懈,勤勤恳恳,系统准确地分配时间,他才能完成这一大堆工作。在那个没有挂钟和手表的时代,为了让事情有规律地进行,发明一种计时方法就非常必要。阿尔弗雷德便发明了下面这种计时方法:

他发现宫殿和教堂里的蜡烛燃烧得很有规律,蜡烛大小不同,燃尽的时间就各异。于是,他吩咐侍从做了一些实验。最终,通过实验,他决定使用每小时燃烧三英寸的蜡烛。据说,他所使用的每支蜡烛上蜡的重量为十二本尼威特[①]。有人认为,那点儿蜡只能做个烛芯,做不成蜡烛。但是,当时重量和金钱的计量单位有很多,标准不一。不管怎样,每根蜡烛有一英尺长,可以燃烧四个小时。这些

---

① 本尼威特是英国重量单位,相当于 1/20 盎司。——译者注

蜡烛以英寸为单位进行切分标记，每英寸蜡烛燃尽时间为二十分钟。他让侍从准备了大量这样的蜡烛，并在教堂指派专人负责看管蜡烛燃烧。当蜡烛燃尽时，负责人就会摇铃或发出其他信号。

由于每支蜡烛长一英尺，每小时燃尽三英寸，所以每支蜡烛可以燃烧四个小时。当一支蜡烛燃尽时，侍从便会点燃另一支，因此每天二十四个小时只需点燃六支蜡烛。这个计时系统很管用，尽管刚开始遇到了一个困难，造成了一点麻烦，但终究没有什么遗憾，因为阿尔弗雷德又发挥聪明才智，对这种计时方式进行了改进，于是，除了其他荣耀外，他又多了个"灯笼发明者"的美称。事情是这样的：

当时那个年代，即使在王宫，风也能透过开着的窗户吹进室内，计时的蜡烛火焰随风闪烁，严重影响了燃烧的规律性。那时还没有玻璃窗。据说，一次偶然的机会，玻璃才被引入英格兰北部的一个修道院。修道院院长名叫本尼迪克特，他从已发明玻璃窗户的欧洲大陆带来一些工人，让他们给教堂的一些窗户镶上了玻璃。又过了好些年，玻璃窗户才在英格兰的教堂、宫廷和其他豪华建筑中普及。同时，当时的"窗户"是在石墙上开个口，然后在开口处安装个盖子状的东西用来关闭窗户。如果关闭全部窗户，那么室内就既没了光，也没了空气，所以每次只能关闭房子一边的窗户，另一边的窗户则暴露在风雨中。

第十一章 阿尔弗雷德治国理政的特点

阿尔弗雷德发现，风会把蜡烛的火焰吹得闪来闪去，致使燃烧变得很不规律。为了弥补这点不足，他想出了补救方法——用羊角薄板保护烛光。羊角遇热水会变软，变软后可以很轻易地裁成各种形状，再加上它很薄，所以几乎是透明的。阿尔弗雷德先将羊角薄板准备好，再做成一个盒子的形状。盒子的一边开个口，蜡烛就可以放进去了，于是原始的灯笼便成形了。计时蜡烛在里面可以安静地燃烧。因此，人们都说阿尔弗雷德国王是灯笼的发明者。

改进了"计时器"以后，阿尔弗雷德优化了时间分配。有位史学家说，阿尔弗雷德的一天是这样分配的：三分之一的时间用来睡觉休息，三分之一的时间用来处理国家大事，剩下的三分之一时间用来履行宗教职责。根据当时习俗，最后那三分之一的时间主要是去教堂学习、写作、处理教会事务。在那个年代，这些通常是神职人员在隐蔽的修道院内完成的活动，因此在某种程度上被认为是宗教义务。我们必须说明一点，阿尔弗雷德一生勤奋学习，笔耕不辍，只有在安静的修道院里，他才能充分利用最后那三分之一时间，专心学习和写作。现在我们该明白了，那是一种十分明智可行的时间分配，但每天潜心学习长达八小时，似乎并不是明智的安排，尤其是对一个处于壮年时期，其地位又要求他履行职责、不断发挥力量的人来说，这种时间分配就更不合理了。

随着时间的流逝，阿尔弗雷德治国有方，国家不断发展，变得非常富强。然而，这个国家并未完全摆脱丹麦人所带来的灾难和麻烦。早已在英格兰境内定居的丹麦人总是接连不断地暴动，有时还会有新入侵者来犯。但是，大部分暴乱很快就被平息了，加之阿尔弗雷德的国家多年来很少受到外敌侵扰，所以他就继续发展教育，推进和平事业。但在他暮年时，一个名叫黑斯廷斯的著名北欧首领，率领一支大军在英格兰登陆。在被驱逐出英格兰之前，他惹了很多麻烦，详情请见下一章。

第十二章

生命终结

精彩看点

　　黑斯廷斯入侵英格兰——海盗首领——撤退到教堂——古瑟罗姆赶走黑斯廷斯——阿尔弗雷德孤军奋战——黑斯廷斯沿英格兰南岸前行——黑斯廷斯登陆——舰队规模庞大——到达罗姆尼沼泽——向农户发起进攻——扎营驻军——第二处要塞——入侵阿尔弗雷德的国家——起兵攻打黑斯廷斯——拖延敌人——切断粮草——黑斯廷斯背信弃义——阿尔弗雷德停止谈判——黑斯廷斯的妻儿——黑斯廷斯无动于衷——形势急转直下——阿尔弗雷德迎来灾难——双方恶战——丹麦舰队——史书荒谬的记载——丹麦人船上避难——阿尔弗雷德筹建舰队——测试舰队性能——进攻怀特岛——战船陷入危险——丹麦人趁机而逃——赶走丹麦战船——黑斯廷斯赴法兰克王国——阿尔弗雷德再次迎来和平——风烛残年——不辞辛劳——女儿艾塞尔芙蕾达——长子爱德华——临终遗言——阿尔弗雷德驾崩——国家的建立者——被世人铭记

第十二章 生命终结

公元878年，阿尔弗雷德在爱丁顿大败丹麦军队后，他的国家开始走向复兴。在战后第十二或十五个年头，黑斯廷斯率军大举入侵英格兰。从公元893年到897年，黑斯廷斯的大军遍布不列颠岛，横行霸道。公元900年，阿尔弗雷德与世长辞，他的统治随之终结，但如同最初那样，他的王国继续与丹麦人进行长久的激战。

在入侵英格兰之前，黑斯廷斯就具有丰富的作战经验。他曾是日耳曼海上的海盗首领，多年来一直肆意妄为，现在看来，他的所作所为纯属抢劫，臭名昭著，但在当时，人们却视他为声名远扬、备受尊崇的英雄。后来，黑斯廷斯登上了欧洲大陆，一度在法兰克王国烧杀劫掠，战绩辉煌。事实上，他也有时运不济的时候，比如，一次，他面对敌军的猛烈攻势，被迫撤退到一座教堂，接着他便修建防御工事，把教堂改造为堡垒，一直等到有利时机，他才重振旗鼓，夺回了失地。虽然黑斯廷斯的战绩总体上很辉煌,但在文明社会,他和野蛮手下的凶残暴行让人毛骨悚然,避之不及。

黑斯廷斯之前就入侵过一次英格兰,但古瑟罗姆严守与阿尔弗雷德签订的条约,赶走了黑斯廷斯。现在古瑟罗姆已经去世,阿尔弗雷德只能孤军奋战,应对强大的敌人。

黑斯廷斯在英格兰南岸选了一处登陆点。古瑟罗姆领地的丹麦人仍占领着英格兰东部地区,于是黑斯廷斯越过古瑟罗姆领地的边境,他似乎想避开英格兰的丹麦人对他的敌意,以免打草惊蛇。古瑟罗姆生前曾坚决抗击黑斯廷斯的入侵。现在古瑟罗姆虽然不在了,但黑斯廷斯并不知道古瑟罗姆的后人是否依然将他视为仇敌,不管怎样,黑斯廷斯决定尊重古瑟罗姆的领地,因此,他便沿着英格兰南岸前行,直到越过古瑟罗姆领地的边界后才准备登陆。

图为进攻中的丹麦士兵,约翰·查尔斯·多尔曼绘

第十二章 生命终结

许多来自海湾、海岛和海港的投机分子纷纷加入黑斯廷斯的远征舰队。他的舰队规模庞大,至少有两百五十艘战船。他们到达英格兰南岸后开始登陆。登陆处是一大片低洼的沼泽,荒凉而黝黯。这片沼泽地在现代被称为"罗姆尼沼泽",它一望无际,实际占地面积达五万英亩。如今,罗姆尼沼泽已被开垦,周围建起了厚厚的堤坝,以防海水侵蚀。但在黑斯廷斯的年代,这片处处是沼泽和泥潭的地方荒无人烟,除了一条河,根本无法通行。这条河蜿蜒曲折,周围杂草和灌木丛生,最后流入大海。

黑斯廷斯的舰队到达河流的入海口后,顺着迂回的河道前进了很长一段距离,最后在一块土质坚实的地方登了陆。虽然这块地方土质坚实,却几乎和先前的沼泽一样荒凉。眼前是大片森林,人烟稀少。住在附近的农户正在修建简陋的防御工事。黑斯廷斯向农户发起进攻,赶走了他们。接着,他的军队向前推进了一点点,找到了一处有利地形,接着就修建了坚固的要塞,并在要塞周围扎营驻军。

接着,黑斯廷斯让另一支大军在泰晤士河口附近登陆,并在登陆点修建了第二处要塞。然后这支大军开始入侵阿尔弗雷德的国家。黑斯廷斯以两处要塞为中心,不断发兵四掠。阿尔弗雷德迅速起兵攻打黑斯廷斯,漫长艰苦的战争岁月开始了。

历史上按时间顺序详述了这场战争中双方每次的进退、围攻和胜负。然而,太详尽的描述读起来总是冗长乏味,就像这场战争一样。阿尔弗雷德在每场军事行动中都异常谨慎,他更青睐采取慢慢消磨敌人的作战方案,例如切断敌人的粮草,不断围困他们,而不是孤注一掷,冒险一决胜负。事实上,当一支强大的敌军已经成功侵入时,对于受侵方而言,保持警觉、小心谨慎、拖延敌人才是最主要的策略,而入侵方通常则希望速战速决。阿尔弗雷德对此有充分的认识,所以他的一切战略部署都旨在切断黑斯廷斯大军的粮草供应,将敌军封锁包围,阻止他们四处掠夺,截击他们的小支队,从而最终迫使黑斯廷斯投降。

黑斯廷斯是典型的丹麦人,背信弃义,阴险狡诈。一次,在开战后不久,他佯装做好了投降的准备,并为此进行公开谈判。他许诺,只要阿尔弗雷德允许他和平离开,他就会撤离英格兰,同时他还同意让两个儿子受洗,而这恰恰是阿尔弗雷德最为期待的。然而,正当双方进行谈判时,阿尔弗雷德突然发觉黑斯廷斯的主力已经从后方潜逃,并向王国其他地方秘密转移。于是,阿尔弗雷德立即停止谈判,率领全军追击。和平的希望完全消失,双方又开始围追堵截,调兵遣将,或发动攻击,或进行撤离。

一次,阿尔弗雷德成功占领了黑斯廷斯的营地。碰巧黑斯廷斯出海了,因为他相信自己的营地足够安全。阿尔弗雷德的士兵在营地发现了黑斯廷斯的妻儿,便把他们抓了起来。这些惊恐万分的战俘被押到阿尔弗雷德面前,以为他要按当时处置战俘的方式,让他们遭受漫长残酷的监

第十二章 生命终结

禁或惨绝人寰的死刑。不过，阿尔弗雷德给孩子们洗礼后，便将孩子们同母亲一起送回到黑斯廷斯身边，同时还送去了礼物，以示友好。

洗礼是基督教的入教仪式，行礼时主礼者口诵规定的礼文，用水浸、浇或洒。主礼者口诵经文，把水滴在受洗人的额上，或将受洗人身体浸在水里，表示赦免入教者的"原罪"和"本罪"，并赋予"恩宠"和"印号"，使其成为教徒。图为早期的用于洗礼的圣水盆

然而，阿尔弗雷德的宽容丝毫没有打动黑斯廷斯，甚至对黑斯廷斯的行为也没有产生任何影响，黑斯廷斯依旧率军不断入侵。几个月后，援军到达，黑斯廷斯自认为力量已经强大到深入王国的腹地了，于是挥军前进。黑斯廷斯沉浸在胜利的喜悦中，但不久形势急转直下。黑斯廷斯军队所经之地群情激愤，阿尔弗雷德的臣民们自发聚集，备战迎敌。每一个集合点都聚满了臣民，他们从四面八方一点点逼近黑斯廷斯的军队，最终阻止了他继续进军。黑斯廷斯被迫率军迅速撤退到最近的要塞。因此，正是黑斯廷斯的胜利将他从好运的顶峰推到了灾难的谷底。

俗话说"风水轮流转"，阿尔弗雷德和撒克逊人取胜后不久也迎来了灾难。他们成功地将黑斯廷斯围住，切断了他的粮草供应，之后一直密切监视，致使被困的敌人陷入困境。他们本想敌军早晚会投降，却没料到敌军会铤而走险。在绝望的折磨下，敌军陷入疯狂。一天，他们突然冲出要塞，接着，一场恶战发生了。尸横遍野，就连黑斯廷斯大军撤退的必经之河也被鲜血染红。恶战结束后，这群饥肠辘辘的暴徒便开始逃亡。他们异常兴奋，在半胜利半撤退的状态中回到了不列颠岛东海岸，在那里找到了收留他们的避难之地。

在随后的战役中，一支丹麦舰队曾出现在泰晤士河上。据古代史学家记载，为了引诱这群丹麦人，阿尔弗雷德曾采取了一项措施，但这项措施似乎不太可信。史书上说，

第十二章 生命终结

他新挖河槽，改变了泰晤士河的自然流向。接着，丹麦舰队被迫搁浅。丹麦人陷入了绝境，轻易地被阿尔弗雷德俘虏了。其实，这种记述是很荒谬的，因为像泰晤士河这样的河流，入海前的所经之地海拔很低，何况要使船只由海入河，河流的水平面必须贴近海平面，因此，除非把水排到海平面以下的山谷，否则河水无处可排；再者，就算内陆有这样的山谷，也会因为溪流和降水变成湖泊。因此，相比从泰晤士河古老的河床抽干河水，阿尔弗雷德可能采取了其他更合理的措施将丹麦舰队围困在河中。

虽然撒克逊人和丹麦人都未取得永久的决定性胜利，但丹麦人逐渐处于不利地位。撒克逊人把他们从一个要塞驱赶到另一个要塞，最后他们无处可去，只得去船上或沿海港口避难。赶走敌军后，阿尔弗雷德就率军占领丹麦人留下的土地，因此当敌军开始去船上寻求庇护时，他就率军向英格兰海岸进发了。他安排造船，筹建舰队，从而继续追击撤退的敌军。这次他表现出一如既往的沉着冷静和深思熟虑。他造船时非常仔细，船的长度是丹麦战船的两倍；船设计得更稳固、更安全，可以搭载足够多的桨手，速度比敌船快，战斗力比敌船更强。

海战准备好后，为了测试自己舰队的性能，阿尔弗雷德便开始寻找攻击目标。这时，一支丹麦人的舰队正停靠在怀特岛，阿尔弗雷德立即派舰队出击，同时命令各舰指挥官只能夺取船只，尽量活捉敌人，不得滥杀无辜。

阿尔弗雷德派九艘战船赶到怀特岛时,在港口发现了六艘丹麦战船。其中三艘入海的丹麦战船仓皇出击,另外三艘被潮水带到了岸上,完全搁浅,丧失了战斗力。如果潮水不上涨,它们就再也漂浮不起来了。在这种情况下,阿尔弗雷德的舰队看来可以轻易取胜。事实也的确如此,三艘出击的丹麦战船,两艘被俘,一艘脱逃,脱逃的战船上只有五人存活。接着,阿尔弗雷德的舰队冒冒失失地去袭击另外三艘搁浅在沙滩上的敌船。不幸的是,阿尔弗雷德的战船在靠近敌船搁浅的海滩时,三艘搁浅,其余六艘因种种困难无法靠近,因此九艘战船都陷入了危险。双方在船上和岸上展开激战,均损失惨重。最终,丹麦人率先趁涨潮之机逃入大海。

尽管多了这段狼狈的小插曲,但阿尔弗雷德很快就成功地把丹麦人的战船赶出了不列颠海岸,将自己的国家从危难中解救了出来。黑斯廷斯去了法兰克王国,在之前征服的领地上度过了余生,期间他受到广泛的赞誉。当时,他的功绩让他成了丹麦人心目中的英雄,虽然他的行为很暴力、不道德,但他的荣誉并没有因此失去光芒。

阿尔弗雷德的王国再次迎来了和平。阿尔弗雷德继续像之前那样为国家尽心竭力,但他这时已风烛残年,时日不多。黑斯廷斯最终被逐出英格兰,大约是在公元897年,而在公元899年或900年时,阿尔弗雷德便与世长辞了。在这短短的几年中,阿尔弗雷德继续像战前一样,全心全

第十二章 生命终结

意为人民谋福利，为国家谋发展。他不辞辛劳地修复创伤，平反冤狱，匡扶正义，除恶扬善。他要求各级法院秉持公正，政府官员严格履行职责；他要求各大学、修道院和教会纠正所有陋习，执行严明纪律，诚心诚意地根除潜在的恶行。他善良仁慈，心系百姓，诚恳地履行侍奉上帝的义务和为民服务的职责。因此，臣民们都爱戴他，拥护他。品德高尚的人视他为榜样，一般人受他精神感染，愿他大获成功，而坏人就算未改邪归正，也会收手向善。

这时，阿尔弗雷德的子女已经长大成人。他们遗传了父亲的部分品性。他有个女儿，叫艾塞尔芙蕾达，与麦西亚国王结为连理。她才智超群，道德高尚，成就斐然，在整个英格兰家喻户晓。阿尔弗雷德的长子爱德华将继承父亲的王位。爱德华效仿父亲的德行，为国家的繁荣昌盛竭尽全力，阿尔弗雷德对此深感欣慰。弥留之际，他已经意识到生命就要走到尽头。临终前，他把爱德华叫到身边，对他说了下面

图为艾塞尔芙蕾达画像

这些告别的话，虽然只有寥寥数语，却充分表明了阿尔弗雷德一生的做人原则：

> 我亲爱的儿子，现在叫你到我身边，是想最后对你说几句话。我感到自己时日不多了，整日浑身乏力，面容憔悴。我生命将尽，我们终有一别，我要去另一个世界，而孩子你要独自接手我迄今所掌管的一切。亲爱的孩子，我会为你祈祷，愿你成为万民之父。作为兄长，你要像父亲一样爱护你的兄弟姐妹，也要善待我的遗孀，视她为挚友；作为君王，你要尽己所能，扶弱济贫，除恶扬善。你自己也要以法律己，这样上帝才会爱你，回报你，你也要在需要时，向上帝寻求指引，他会帮你实现愿望。

之后，阿尔弗雷德便去世了，终年五十二岁。举国上下沉痛哀悼。他的遗体被安葬在温彻斯特大教堂。他将和平而繁荣的国家传给了儿子爱德华，他耗尽一生心血勾勒的蓝图很快就取得了理想的成果。他所建立的王国迄今依然屹立，没有因岁月流逝而削弱，反而不断发展壮大。作为国家的建立者，他将永远被世人铭记。

第十三章

戈德温

精彩看点

戈德温的传奇故事——征服者威廉时代——阿尔弗雷德王国的中断——本世纪重大事件——撒克逊王国和丹麦王国之间的战争——戈德温的故事——撒克逊农民家庭——埃塞尔雷德的恶政——被迫离开英格兰——丹麦人克努特——埃塞尔雷德战死沙场——埃德蒙再战——丹麦人战败——乌尔夫将军寻求帮助——戈德温帮忙——父亲嘱托——抵达丹麦人营地——戈德温被封为王——女儿伊迪丝——爱德华和阿尔弗雷德——迎娶艾玛——哈迪克努特——克努特罗马朝圣——内战再次爆发——居民忧虑恐惧——默许哈罗德的统治——艾玛局促不安——写信给法兰克的两个儿子——阿尔弗雷德远征——戈德温号召撒克逊首领们开会——阿尔弗雷德被俘——受挖掉双眼的刑罚——艾玛被驱逐出境——哈迪克努特继承王位——对哈罗德的尸体进行侮辱——戈德温的礼物——撒克逊人反抗——丹麦人永远离开英格兰——爱德华登上王位——感激戈德温——向伊迪丝求婚——戈德温咳嗽窒息——戈德温离世——爱德华安邦治国

第十三章 戈德温

戈德温的传奇故事是《阿尔弗雷德大帝传》的最后一章。本章带领我们走进英格兰历史上的下一个伟大时代——征服者威廉时代。

正如我们在上一章所了解到的,虽然阿尔弗雷德采取的措施直接恢复了国家和平,重建了国家秩序;虽然他所建立的制度一直延续到今日,但人们认为他的王国在他死后依然出现了中断。撒克逊人和丹麦人之间的战争持续了几百年,致使不列颠岛一直处于动乱之中。如今,除了专业的历史学家,其他人在很大程度上都已经对这些战争的具体细节失去了兴趣。只有古代编年史中的那些重大事件和非凡之人才能引起现代人的普遍关注。除了早期历史中那些真正令人震撼的重要事件,人类历史上本世纪已经发生的以及正在发生的重大事件都使当时的事件相形见绌。

正如上面所说,在英格兰的历史进程中,阿尔弗雷德之后最值得关注的是征服者威廉时代。征服者威廉的生平事迹将在这套丛书中单独成册介绍。征服者威廉比阿尔弗雷德晚生两百多年;在这两百多年间,撒克逊王国和丹麦王国之间的战争一直在持续,正如前面讲过的原因,按时间顺序完整叙述双方的战争既没意思,也没价值。尽管如此,了解一下这一时期的国家状况还是很重要的,而且最好能和戈德温的故事一起了解。

图为征服者威廉在位期间发行的货币,
货币上面的人正是征服者威廉

戈德温出生在沃里克郡的一个撒克逊农民家庭。当他成年,即将像其他农民的儿子一样帮父亲照料牛羊时,撒

第十三章 戈德温

克逊人和丹麦人正在大战。阿尔弗雷德的后代中有个叫埃塞尔雷德的人,他的恶政引起了臣民的不满,就被迫离开了英格兰。他穿越英吉利海峡,来到诺曼底公国,并娶了诺曼底公爵理查的妹妹——艾玛。他希望通过这次联姻获得理查的帮助,从而夺回王位。然而,丹麦人却趁埃塞尔雷德不在英格兰的这段时间,拥护他们自己的一个王子登上了王位。这个王子名叫克努特。于是,他被列入了英格兰历史中,成为英格兰国王之一,人们称他为"丹麦人克努特",这个称呼表明了他是丹麦人,把他和之前之后的其他国王做了区分,因为其他人都是撒克逊人。

关于克努特,有这样一个著名的故事:当时有些人阿谀奉承,对他的威严和权力大加吹捧,甚至说就连神都要顺从于他的意志。为了打击这些马屁精,克努特让他们同他一起站在正涨潮的海边,并命令上涨的波浪不要触碰他高贵的双脚。他让这些

图为埃塞尔雷德画像

马屁精一直站在这个荒唐的位置，直到慢慢上涨的海水把他们驱散，接着他就免了他们的职位。他们不知所措，一头雾水。不同的讲述者根据自己的想象，对这个故事进行了各种润色。最后，这个故事产生了上千种不同的版本。不过，人们相信，或许当时发生了某个类似的简单事件，在这个事件的基础上，各种故事就展开了。

克努特统治下的王国并不太平。埃塞尔雷德派儿子越过英吉利海峡，到英格兰与盎格鲁-撒克逊各国协商，请各国帮他复辟。于是，埃塞尔雷德与各国制订了一项计划。回国后，他立即联合盎格鲁-撒克逊人向克努特和丹麦人开战。最终，埃塞尔雷德战死沙场。他死时，儿子埃德蒙是他麾下的一名大将，最后继承了他的王位。他的妻子艾玛和另外两个儿子留在了诺曼底。埃德蒙尽全力继续对抗克努特，其中有一场战斗发生在英格兰中部的沃里克郡，也就是农民戈德温生活的地方。在这场战争中，丹麦人战败，受挫的将军们从战场四散溃逃。无论哪里，只要可以隐藏或获得安全，他们就会去。其中有个叫乌尔夫的将军，走了一条小路，最终来到了戈德温父亲的农场。

夜幕降临了，乌尔夫在森林里迷路了。其实，无论是谁从战场溃逃，都会避开大路，去走荒僻的小路，虽然容易摆脱危险，但也容易迷路。乌尔夫在森林里转悠了一晚上，天亮时他已经筋疲力尽，饥困交迫了。他惶惶不安，如果再找不到救援，他就死定了。他还担心被附近的撒克

第十三章 戈德温

逊人发现，认出他是丹麦的逃亡者。终于，他听见有人在叫喊，只见一个农夫赶着牧群在森林里沿着僻静的小路向牧场走去。如果乌尔夫不向他求助，那他就会避开乌尔夫。乌尔夫原想找到去塞文河的路，因为那里有丹麦船只停靠，但他现在既饿且累，又迷失了方向，所以不得不冒险同这位陌生的撒克逊农夫搭讪。

乌尔夫走到农夫跟前，问他叫什么名字。戈德温说了自己和父亲的名字，还说他父亲住在森林里不远的地方。在回答问题时，戈德温仔细打量着这个陌生人，然后说他感觉乌尔夫是丹麦人，想必是从战场上逃出来的。乌尔夫觉得瞒不下去了，就承认自己是丹麦人，是从战场上逃出来的，希望能找到去塞文河的路。他恳求戈德温不要举报他并给他指路。戈德温回答道，一个丹麦人向撒克逊人寻求指引和保护，这很不合理，也很荒谬。

乌尔夫说，如果戈德温能放弃牧群，带他去安全的地方，他会把自己所有的东西给戈德温。戈德温说，如果照乌尔夫说的做，那不仅自己会有生命危险，也救不了乌尔夫。他还说，整个国家已经陷入战乱，撒克逊大军最近获胜，鼓舞了各地的农民，他们都奋起反抗；即使这里离塞文河不远，但要在全国同仇敌忾的情况下到达那里，将会非常危险，他们很可能会被拦截，而一旦被拦截，那些愤怒的人们是不会对他们心慈手软的。

乌尔夫答应给戈德温的东西中有一枚昂贵的金戒指。

乌尔夫从自己手上摘下这枚戒指，说如果戈德温答应给他带路，这枚戒指就归他了。戈德温拿着这枚戒指，好奇地研究着，心中似乎有所犹豫。最后他妥协了，但似乎并不是因为这枚昂贵的戒指而妥协的，而是因为同情这个逃亡者。他都拿出了如此贵重的东西，表明他确实很急迫。戈德温将戒指还给乌尔夫，说不会向他索取任何东西，但还是会尽力帮他。

然而，他并没有冒险将乌尔夫带去塞文河，而是先把他带到了父亲的茅屋，让他躲了起来。他们一整天都在制订计划，最后决定不去塞文河找丹麦船，而是去丹麦人的营地。他们打算天一黑就出发。夜幕降临，一切就绪后，他们将开始一段危险的旅程。戈德温的父亲，这个老农民，感到非常担忧，就郑重地对乌尔夫说：

"这是我唯一的儿子。他相信了你，将冒着生命危险带你上路。他不能再回到我身边了，因为给你带路后，他的同胞们是不会放过他的。所以，当你到达营地后，请把我儿子推荐给你的国王，让他收留戈德温，为他效力。他不能再回来了。"乌尔夫很认真地答应了这些请求，并保证会为戈德温做更多的事情。他们向戈德温的父亲告别，把他一人留在这个荒僻的地方，然后向黑压压的森林走去。

他们历经千难万险，终于安全抵达丹麦人的营地。乌尔夫认真地履行了诺言，把戈德温推荐给了国王克努特。克努特听了戈德温帮助他的将军逃亡的事，心里非常高兴。

第十三章 戈德温

他十分钦佩这个撒克逊年轻人的能力和智慧,便直接把军队的指挥权交给了戈德温。实际上,一个年轻人在这种情况下,远离家乡和父亲,永远背离同胞,除了同情逃亡的敌人外,肯定还有其他东西在激励着他。丹麦人很快就发现戈德温身上具备战士所特有的精神。他胸怀大志,意志坚定,热情饱满,战无不胜。于是,他在丹麦大军中的影响力和地位不断上升。短短几年时间,克努特彻底打败了撒克逊人,统一了整个英格兰。戈德温被封为韦塞克斯国王,地位仅次于克努特。韦塞克斯是克努特帝国中最重要的辖区之一。戈德温在韦塞克斯生活了很多年,在他的统治下,国泰民安。他结婚后生了个女儿,叫伊迪丝。虽然

图为克努特在位期间发行的货币,货币上的人物为克努特

她的父亲严厉可怕，但她却温柔可爱。大家都说戈德温生了伊迪丝，就像长了刺的茎上生出了玫瑰花。

当时的一位作家记录了那个时期发生的事。他回忆道，在他小时候，他的父亲在戈德温的王宫里做事。他在去学校的路上，经常遇见侍女陪着伊迪丝散步。每次碰到他，伊迪丝总会把他叫住，询问他的学业，如语法、逻辑、诗歌等，还经常和他就一些当时备受关注的问题展开辩论，接着会赞扬他对这些问题的关注和他的进步，并吩咐侍女给他一些钱作为奖赏。总而言之，伊迪丝很温柔，很和善；凡是攸关人民幸福安康的事物，她都感兴趣。因此，她广受人民爱戴，就像我们之后看到的那样，她最终成了英格兰王后。

当戈德温被册封为韦塞克斯国王、统治克努特指定的地区时，克努特继续向更远的地方拓展领土，他首先征服了整个英格兰，随后又向欧洲大陆进发。撒克逊国王埃德蒙随后也战死沙场，而他的兄弟们，也就是埃塞尔雷德仅剩的两个儿子——爱德华和阿尔弗雷德，则与母亲在诺曼底。当然，他们是撒克逊血统。克努特王国中的撒克逊人仍然将兄弟二人视为他们未来的领袖。在这种情况下，为了安抚撒克逊人，尽可能同化两个民族，克努特想出了一个办法，那就是迎娶埃塞尔雷德的遗孀艾玛。于是，他向艾玛求婚，艾玛答应了，她非常高兴能再次当上王后。她来到英格兰，与克努特喜结连理，随后生了个儿子，起名

图为天使为克努特戴上王冠,出自温切斯特海德大修道院

哈迪克努特，寓意是"强大的克努特"。

克努特觉得他的王国现在安全了；他希望确立哈迪克努特为继承人，从而使他的家族的统治得以延续。的确，他还有两个年长的孩子，丹麦人可能认为他们才是更合适的继承人，而艾玛在诺曼底也有两个与埃塞尔雷德生的儿子，撒克逊人会认为他们才是王位的合法继承人。所以，在他死后，国家又会分崩离析，内战将再次爆发。克努特和艾玛还是很明智的，为了阻止可怕的战争，他们发挥影响力，一起支持哈迪克努特。虽然哈迪克努特不单纯是哪一方的继承人，但他在某种程度上既满足了丹麦人又满足了撒克逊人的要求。克努特还尽全力与盎格鲁-撒克逊的大臣们和解，致力于全面提高国力，让人民幸福安康。他建设城镇，修建公路，修复并资助教堂。最后，他甚至成了热忱的基督徒；这件事不管是真是假，他都通过当时常见的各种方式表明了他对基督教的虔诚。最后，更夸张的是，他竟然去罗马朝圣。他带着众多随从，浩浩荡荡地出发。严格来说，他还真像个朝圣者：他手持长长的朝圣手杖，背着袋子步行。这次朝圣之行轰动一时。

最后，克努特国王去世了。不幸的是，内战再次爆发。事实证明，他之前所做的那些看似明智的防范之举都是徒劳的。他本想让哈迪克努特继承王位，但在他去世时，哈迪克努特碰巧在丹麦。这时，戈德温宣布哈迪克努特为王，力求确保他的正统地位，同时让艾玛摄政，在哈迪克努特

第十三章 戈德温

回国之前以他的名义管理国家。与此同时,丹麦贵族推举克努特的一位年长的儿子哈罗德为王,并成功赢得了大部分国民的支持。于是,戈德温让艾玛带领她能召集到的所有兵力,到英格兰西面与他会合。很快,双方都做好了战争的准备。

接着,可怕的一幕发生了,这常常是战争及百姓对战争的恐惧所产生的后果。第一场战斗预计在英格兰境内的泰晤士河岸附近打响。这里的居民产生了忧虑而恐惧的情绪。很快,这种情绪扩散开来。结果,每天都有无数没有根据的谣言加重人们的恐慌,最后,整个地区陷入了无法控制的恐慌与混乱中。居民们离开住所,惊慌地逃到不列颠岛东部,打算在林肯郡的沼泽或周边邻国寻找避难所。如前所述,林肯郡有许多修道院和其他宗教机构,里面住着修士和修女。这些可怜的难民蜂拥而至,围在修道院门口,恳求修道院提供住所、食物和保护。人们在沼泽的柳树林中、在路边、在修道院墙脚建起了棚屋,甚至只要是能遮风挡雨的地方,他们都会住下。当然,他们看起来相当可怜:大人们要么是老弱病残,要么是精疲力尽,忧心忡忡;孩子们因一路奔波,都十分疲乏;还有一些无助的母亲,她们怀抱着比她们更无助的婴儿。修士们不是同情这些难民,而是感到很恐慌。在这种充满痛苦的时刻,他们决定首先要确保自己的利益。于是,那些势力强大的修道院便闩上门,将难民拒之门外;那些独居的隐士抛弃了他们用柳条搭建的小屋，向没有难民干扰的安全地区逃去。

然而，惊慌是由人们的幻觉引起的，而心乱如麻的人总会陷入想象出来的灾难中。最后，泰晤士河岸根本就没发生战斗，原因可能是哈罗德在国内得到很大支持，哈迪克努特只得望而却步。最后，他并没有冒险回到英格兰。至于艾玛与戈德温及其支持者，由于失去了王室领袖的领导，所以他们就放弃了反叛，并默认了哈罗德的统治。接着，逃亡到沼泽的难民们回到了故乡；国家恢复了安宁；戈德温作为哈罗德国王的将军，继续统治自己的领地；艾玛也回到哈罗德在伦敦的宫廷，看似很友好地同他生活在一起。

然而，艾玛一直感到不安。虽然哈罗德是她丈夫的儿子，但并不是她自己的儿子。当初，她之所以决定与前夫的敌人结婚，是因为她有政治野心。果不其然，再次当上王后，她觉得自己的儿子们，无论是丹麦血统还是撒克逊血统，必定应有一个继承王位。说到这里，读者肯定还记得，艾玛在与丹麦人克努特结婚生下哈迪克努特之前，还与第一任丈夫——盎格鲁-撒克逊人埃塞尔雷德生了两个儿子，即爱德华和阿尔弗雷德，这时他们都在诺曼底。哈罗德是克努特与艾玛结婚之前生的儿子，艾玛当然没把他当作自己的儿子。虽然她迫于形势默认哈罗德为王，但她的心思一直在自己儿子身上。现在，支持哈迪克努特继位的计划已经失败了，于是她的注意力就转向了远在诺曼底

第十三章 戈德温

的两个儿子。

经过一段时间的深思熟虑，她给两个儿子写了一封信，建议他们来英格兰。她告诉他们，在哈罗德的统治下，盎格鲁-撒克逊人惶惶不可终日，他们希望撒克逊人当国王。她还说，她很确信，如果他们之中有一个来英格兰争夺王位，臣民们一定会群起支持，王位唾手可得。所以，她让兄弟二人来英格兰见她，以便商议大事；同时提醒他们尽量少带诺曼底随从，因为英格兰人对外国人心存戒备。

得知这个消息后，爱德华和阿尔弗雷德高兴极了。接着，他们就开始准备，准备的速度甚至超出了艾玛的想象。不过，他们并没有听从母亲的建议——潜入伦敦与她商议，而是组建了诺曼底远征军。小儿子阿尔弗雷德年轻气盛，决定亲自率军远征，他的哥哥也支持他的计划。

阿尔弗雷德在多佛港登陆，接着计划穿越英格兰南部。戈德温赶来与他会面。戈德温是打算加入他的队伍，还是把他视为敌人？已经没人知道答案了。不过，艾玛认为戈德温是站在她这边的，但她并没有让小儿子率军入侵英格兰。

首先，很可能戈德温自己也不清楚要追随谁，如果能看到阿尔弗雷德胜利的曙光，那么他可能会支持阿尔弗雷德，但他也可能会忠诚地辅佐哈罗德，因为他早就承认哈罗德的统治了。当然，他的真实想法只有他自己知道，世人只看到了他的做法。就算他想支持阿尔弗雷德，在行动前他也选择了放弃。去不列颠岛南部时,他召集撒克逊首领们开会。他在会上讲了话。他的话最终阻止了那些打算支持阿尔弗雷德的人。他说,无论他们多想支持一个拥有撒克逊血统的人为王,此时行动都不合适,因为虽然阿尔弗雷德确实是盎格鲁－撒克逊血统,但从他的出生地和教育来说,他是诺曼底人,而且他所有的朋友和支持者都是诺曼底人;现在他率领诺曼底人入侵英格兰,如果他成功了,那么这些诺曼底人就会成为统治者。最后,他向这些盎格鲁－撒克逊首领们建议,不要轻举妄动,更不要参与这场争夺,而是等待其他支持一个拥有撒克逊血统的人为王的机会。

盎格鲁－撒克逊的首领们接受了他的建议,没有采取行动支持年轻的阿尔弗雷德。阿尔弗雷德进至吉尔福德镇后,被哈罗德的大军包围了。无论他怎么抵抗,都没有意义了,因为他的士兵们当时正四散在镇子上;他们根本没想到会遭袭。哈罗德的大军突然发起进攻,打了他们一个措手不及。由于没有任何防备,他们全沦为俘虏,接着被绳子绑住,像普通犯人一样被带走了。

阿尔弗雷德最主要的诺曼底随从共十个,其中九个被处死,另外一个不知什么原因被饶恕了。阿尔弗雷德被指控破坏了和平,根据法律,他的双眼会被挖掉。挖双眼时的疼痛以及随之而来的炎症让这个不幸的王子不久就死了。艾玛和戈德温都没有救他。艾玛既然已经知道阿尔弗

第十三章 戈德温

雷德失败了，就否认与诺曼底人的入侵有关；毫无疑问，这是明智的做法。一个王后的野心再大，也必须遵守王法，而不能出于母爱一时冲动。然而，她暗地里还是对儿子的悲惨遭遇感到愤恨，并认为戈德温出卖了她。

阿尔弗雷德失败后，艾玛不可能在争夺王位方面轻举妄动了。这时，哈罗德已经不信任她了，不久就将她驱逐出境。她在诺曼底还有个撒克逊血统的儿子，也就是阿尔弗雷德的哥哥爱德华；此外，她还有个丹麦血统的儿子在丹麦。最后，艾玛来到欧洲大陆的佛兰德斯。她在这里派人给哈迪克努特带话，怂恿他去英格兰夺取王位；甚至提醒他，如果想心安的话，就去为他的兄弟报仇。

然而，哈迪克努特还没有出兵，哈罗德就驾崩了。接着，国人将他迎回，然后他继承了王位。盎格鲁-撒克逊人可能对小儿子阿尔弗雷德的失败很失望，所以没有反对。虽然哈罗德在世时，哈迪克努特既没有勇气也没有实力争夺王位，但现在哈罗德驾崩了，他成为国王了，就想方设法侮辱哈罗德的尸体。哈迪克努特下令挖出哈罗德的尸体，砍掉他的脑袋，将剩下的身体剁碎扔进泰晤士河。河上的丹麦渔民发现了尸体的碎块，收集后埋在伦敦的私人墓地，这表明他们是尊敬哈罗德国王的。

不久，哈迪克努特命令法院调查阿尔弗雷德之死。他控告撒克逊人背叛了阿尔弗雷德。最后，连戈德温也上了法庭，因为他被视为阿尔弗雷德之死的从犯。在法庭上，戈德温坚持自己无罪,并让证人出庭作证。为了让自己被无罪释放,他还采取了一个更有效的方法,那就是送给哈迪克努特许多价值连城的礼物,其中有一艘镶嵌有大量金子的小船。船上有八十名士兵,武装成丹麦人的样子,左肩扛着镀金的丹麦斧头,右手握着镀金的标枪;每个士兵的左臂上都戴着一个含金量为六盎司的手镯。这些礼物既能视为贿赂,也能视为罚金。实际上,在那个时代,为求赦免而进献的贿赂与赎罪的罚金之间,界限是非常模糊的。

哈迪克努特巩固了王位后,就开始用暴政治国。他毫不留情地折磨撒克逊人,但撒克逊人非但没有屈服他的恶政,反倒不停地反抗。戈德温也打算发动叛乱,但就在这时,哈迪克努特突然驾崩了。于是,戈德温就率大军在全国展开行动,并支持阿尔弗雷德的哥哥爱德华继位。戈德温的行动取得了巨大成功,丹麦军队被赶到北部。丹麦贵族死的死、降的降,剩下的逃到了海边,登上了他们能找到的所有船只,接着永远离开了英格兰。从此,英格兰境内的丹麦政权彻底垮台了。这时,阿尔弗雷德大帝已经离开人世两百多年了,他的梦想——赶走丹麦人——变成了现实。

下面讲的不是阿尔弗雷德大帝时期的故事,而是征服者威廉时代的故事。在戈德温的支持下,艾玛在诺曼底的儿子——爱德华登上了王位。然而,来到英格兰的不止爱德华,还有诺曼底人,这就成了诺曼底入侵和征服英格兰的导火索。如果戈德温当时愿意的话，他本可以自己称王，因为在整个不列颠岛，他的威信至高无上，无人能及。也许他认为爱德华继位是名正言顺的，也许他认为非王室成员篡位后患无穷，他最终没有称王。他召集全国的实力派开会。经过严肃谈论，大会决定邀请爱德华回英格兰继承王位。接着，一位信使携带邀请函动身去了诺曼底。

邀请函中明确规定，爱德华来英格兰时应少带诺曼底人。因此，他第一次来英格兰时几乎是一个人。英格兰人热情地迎接了他，并在温彻斯特一个古老的教堂中为他举行了盛大的加冕礼。

爱德华知道，自己命运的突然改变离不开戈德温，所以非常感激戈德温。不久，他向伊迪丝求婚。他这样做，除了向戈德温表示感激外，也是被伊迪丝的魅力吸引了。戈德温对此没有反对，但他的政敌们认为，现在爱德华王位未稳，他同意这桩婚事，不见得是好事。且不论别人怎么议论，实际情况是自爱德华登基，戈德温就位极人臣了。他出生于牧民之家，年轻时在森林里放牛，而现在他成了国家的重臣，四个儿子成了将军，女儿成了王后。

然而，他的生活并非一帆风顺。随着诺曼底人的涌入，戈德温与爱德华的麻烦不断；在这里，我就不一一讲述了。诺曼底人从欧洲大陆来到爱德华的宫廷，其影响力变得越来越大，这令英格兰人强烈不满。不过，这些事更应在征服者威廉的故事之前讲。现在，我将以戈德温之死来结束本书的故事。当然，读者能在多大程度上相信这个故事，就靠他们自己判断了。

一天，戈德温与爱德华一起进餐。爱德华的一个随从端着一杯酒，他的一只脚不小心被绊住了。为了防止摔倒，同时让在场的人们一笑，他敏捷地抬起另一只脚。这时，戈德温指着随从的脚说，一个"兄弟"救了另一个。国王说："是的，兄弟们需要互相帮助。真希望我的弟弟还活着啊！"他说这话时看了戈德温一眼；这似乎在暗示，戈德温和阿尔弗雷德的死脱不了干系。事实上，国王之前有时也会这样暗示。戈德温很不满，开始指责国王胡思乱想，接着郑重声明他与阿尔弗雷德的死没有丝毫关系。最后，他发誓，如果他说谎了，那么他吃面包时就噎住。说完，他就把面包塞进嘴里。咽面包时，他突然咳嗽起来，不一会儿就窒息了。随从们连忙去救他，客人们也都在困惑中站了起来。后来，两个儿子把他带回了家。虽然他没有当场死亡，但五天后他就撒手人寰了。

戈德温死后，爱德华继续着自己的统治。在他的治理下，国家欣欣向荣。他重用了戈德温的几个儿子，甚至在自己驾崩前，还指定了其中一位继承他的王位。

附录
专有名词英汉对照

不列颠人	The Britons
阿尔弗雷德大帝	Alfred the Great
凯撒大帝	Julius Cæsar
所罗门	Solomon
大不列颠岛	Great Britain
特洛伊战争	Trojan war
埃涅阿斯	Æneas
维吉尔	Virgil
塞尔维乌斯	Silvius
布鲁特斯	Brutus
阿尔巴国王	King of Alba
潘德拉瑟斯	Pandrasus
伊莫金娜	Imogena
戴安娜	Diana
高卢	Gaul

赫拉克勒斯之柱	The Pillars of Hercules
直布罗陀巨岩	The Rock of Gibraltar
赫拉克勒斯	Hercules
高格玛高格	Gogmagog
拉布拉多地区	Labrador
李尔王	King Lear
莱斯特	Leicester
高纳拉	Gonilla
里根娜	Regana
科迪莉亚	Cordiella
博阿迪西亚	Boadicea
皮克特人	Picts
苏格兰人	Scots
西弗勒斯	Severus
巴西阿努斯	Bassianus
西弗勒斯长城	The Wall of Severus
日耳曼海	The German Ocean
泰恩河	The Tyne
索尔韦湾	The Solway Frith
盎格鲁-撒克逊人	The Anglo Saxons
印度人	The Indian
非洲人	The African
高加索人种	The Caucasian race
波斯人	The Persians
腓尼基人	The Ph[oe]nicians
埃及人	The Egyptians

附录 专有名词英汉对照

迦太基人	The Carthaginians
土耳其人	The Turks
欧洲人种	The European race
波罗的海	The Baltic Sea
角斗士	Gladiators
泰晤士河	The Thames
普利茅斯岩	The Plymouth Rock
萨尼特岛	The Island of Thanet
亨吉斯特	Hengist
霍萨	Horsa
北佛尔兰角	The North Foreland
埃布斯舰队	Ebbs-fleet
沃尔蒂格恩	Vortigern
肯特郡	Kent
罗文娜	Rowena
亚瑟王	King Arthur
康沃尔郡	Cornwall
格尼薇儿	Guenever
麦德罗德	Medrawd
格拉斯顿伯里	Glastonbury
亨利二世	King Henry the Second
丹麦人	The Danes
七国联盟	The Saxon Heptarchy
莱茵河	The Rhine
拉迪格	Radiger
法兰克	Frank

瑞典	Sweden
挪威	Norway
海贼王	Sea king
罗格纳·洛德布罗克	Ragnar Lodbrog
哈拉尔德	Harald
多佛海峡	The Straits of Dover
英吉利海峡	The English Channel
塞纳河	The Seine
鲁昂	Rouen
诺森布里亚	Northumbria
艾拉	Ella
坎特伯雷	Canterbury
麦西亚	Mercia
古瑟罗姆	Guthrum
胡巴	Hubba
爱格伯特	Egbert
韦塞克斯	Wessex
埃塞尔雷德	Ethelred
华盛顿	Washington
埃塞尔沃夫	Ethelwolf
温彻斯特	Winchester
茱蒂丝	Judith
丽奥斯塔	Leotheta
埃塞尔巴德	Ethelbald
《荷马史诗》	Homer's poems
亚历山大大帝	Alexander (the Great)

附录 专有名词英汉对照

克洛兰	Crowland
林肯郡	Lincolnshire
沃什湾	The Wash
弗里尔·乔利	Friar Joly
西奥多	Theodore
塔克尔	Turgar
康特·西多克	Count Sidroc
埃德蒙国王	King Edmund
东盎格利亚	East Angles
洛斯布罗克	Lothbroc
贝奥恩	Beorn
海格尔斯顿	Heglesdune
辛卡尔	Hinquar
耶稣	Christ
罗马教廷	The Church of Rome
圣彼得	St. Peter
亨利八世	Henry VIII
圣母教堂	Mother Church
凯奈姆	Kenelm
克伦特	Clent
雷丁	Reading
肯尼特河	The Kennet
伊塞斯顿	Æscesdune
白蜡树山丘	Ashdown
阿斯顿	Aston
弥撒仪式	The service of the mass

阿什伯里	Ashbury
白马纪念碑	The White House
多塞特郡	Dorsetshire
温伯恩	Wimborne
威尔顿	Wilton
埃塞克斯	Essex
西撒克逊	West Saxon
布斯瑞德	Buthred
斯欧沃夫	Ceolwulf
哈芬登	Halfden
韦勒姆	Wareham
埃克塞特镇	Exeter
查理二世	Charles the Second
圣尼奥特	Saint Neot
罗洛	Rollo
诺曼底地区	Normandy
阿赛尔内	Athelney/Ethelney
托恩河	Thone
帕雷特河	Parrot
索默塞特郡	Somersetshire
布里斯托尔海峡	The Bristol Channel
威尔士	Wales
德文郡	Devonshire
肯威斯城堡	Castle Kenwith
欧顿公爵	Odun, the duke
威尔特郡	Wiltshire

附录 专有名词英汉对照

爱丁顿	Edendune
赛尔伍德森林	Selwood Forest
埃格伯特巨岩	Stone of Egbert
埃格比斯-斯坦	Ecgbyrth-stan
不列克斯坦	Brixstan
埃格力	Æcglea
洗礼圣水盆	The baptismal font
奥尔若	Aulre
伊瑟尔斯坦	Ethelstan
诺福克	Norfolk
萨福克	Suffolk
剑桥郡	Cambridgeshire
赫里福郡	Herefordshire
麦德威河	The Medway
北欧人	The Northmen
阿瑟尔	Asser
牛津大学	University of Oxford
捐赠法案	Acts of Endowment
本尼迪克特	Benedict
黑斯廷斯	Hastings
罗姆尼沼泽	Romney Marshes
怀特岛	The Isle of Wight
艾塞尔芙蕾达	Æthelfleda
爱德华	Edward
戈德温	Godwin
征服者威廉	William the Conqueror

沃里克郡	Warwickshire
理查德	Richard
艾玛	Emma
克努特	Canute
伊迪丝	Edith
哈迪克努特	Hardicanute
丹麦	Denmark
哈罗德	Harold
多佛港	Dover
吉尔福德镇	Guilford
佛兰德斯	Flanders